Ridolph Weigel, Leipzig Engel

**Sammlungen**

Kupferstiche, Aquarelle und Handzeichnungen

Ridolph Weigel, Leipzig Engel

**Sammlungen**
*Kupferstiche, Aquarelle und Handzeichnungen*

ISBN/EAN: 9783743666122

Hergestellt in Europa, USA, Kanada, Australien, Japan

Cover: Foto ©Thomas Meinert / pixelio.de

Weitere Bücher finden Sie auf **www.hansebooks.com**

# Kupferstiche und Radirungen.

### Das Werk des D. Chodowiecki

aus dem Nachlass des verstorbenen kunstsinnigen Prinzen Heinrich von Preussen. Ein vollständiges schönes Exemplar in alten Abdrücken mit vielen Seltenheiten.

**Portraits des Meisters.**

1. D. Chodowiecki, seine Gattin, zwei Töchter und ein Sohn. — Ispe pinxit. Zeichnung in Gouache. — Auf der Rückseite bezeichnet: „H. Prinz inv. et fecit 1776" (wohl Heinrich Prinz von Preussen inv. etc. zu erklären). H. 7 Z. Br. 8 Z.
2. Halbfigur mit der Reisfeder in der Hand. J. C. Frisch p. B. Salomon sc. fol. Engelmann 1*).
3. Halbfigur mit der Brille. A. Graff p. F. Arnold sc. fol. E. 2. Schöner I. Abdruck von der grössern Platte.
4. Dasselbe. II. Abdruck von der verkleinerten Platte.
5. Brustbild in Medaillon. J. R. Schellenberg sc. 8. E. 4.
6. Dasselbe in Umrissen von der Gegenseite. 8. E. 6.
7. Dasselbe ausgeführt und ebenfalls von der Gegenseite. C. Schule sc. 8. E. 5.
8. Brustbild in ovalem Medaillon. Madame Henry p. S. Halle sc. Punktirt. 8. E. 8.
9. Brustbild. M. Haas sc. Punktirt. Oval. 4. E. 10. II.
10. Brustbild in Medaillon. Unbezeichneter Stich. 8. E. 9.
11. Brustbild mit Beiwerk. A. Zingg del. C. Geyser sc. 8. E. 7.
12. Dasselbe, ähnlich dem vorigen, aber kleiner und ohne das Beiwerk. G. F. Schuft sc. 8. E. 12.
13. Brustbild nach rechts mit Brille. A. Graff p. C. T. Riedel sc. Punktirt. 4. E. 11.

14. Ankunft der Franzosen in Deutschland. J. C. del. W. Fox sc. qu. fol. E. A. Von allergrösster Seltenheit, fast einzig.

---

*) D. Chodowiecki's sämmtliche Kupferstiche beschrieben von W. Engelmann. Leipzig 1857 und Nachträge 1860.

15. Henri Gierart. Marchand des Savonettes à Berlin. fol. E. B. Colorirtes Exemplar. Ebenfalls von der allergrössten Seltenheit und fast einzig. Dr. E. konnte bei Abfassung seines Buches trotz alles Nachsuchens kein Exemplar zu Gesicht bekommen.
16. Le Passe Dix .oder der Würfler. 4. E. 1. Guter Abdruck dieses seltenen Blattes.
17. Dasselbe. Copie 2. von Geyser. Im II. Druck mit Jacoby's Adresse.
18. Brustbild eines alten lesenden Bauers. qu. 8. E. 2. Sehr selten.
19. Brustbild eines alten singenden Weibes. qu. 8. E. 3. Sehr selten.
20. 2 Bl. Die beiden vorigen. Die Copien 2 mit Jacoby's Adresse.
21. Husaren und Mönche. qu. 8. E. 4. II. Sehr selten.
22. Dasselbe. Copie 2 mit Jacoby's Adresse.
23. Demoiselle Quantin am Thorweg stehend. gr. 4. E. 5.
24. Der Bauernjunge mit verbundenem Gesicht. 4. E. 6.
25. Der Betteljunge bei dem Baum. 4. E. 7.
26. Derselbe Betteljunge bei dem Thorweg. 4. E. 8.
27. Friedrich der Grosse zu Pferd. fol. E. 9. II.
28. Die beiden stehenden Damen. 4. E. 10. II.
29. Die beiden sitzenden Damen. 4. E. 11. II. Etwas matt.
30. Die russischen Gefangenen. kl. qu. fol. E. 12. IIb.
31. Der kleine l'Hombre-Tisch. Radirt und Aquatinta. qu. 8. E. 13. Guter II. Druck dieses schönen, sehr seltenen Blatts.
32. Sechs Damen und der Künstler im Zimmer. Radirt und Aquatinta. qu. 4. E. 13. II. mit dem Kopf am Kasten. Nicht ganz reiner Druck.
33. Die beiden sitzenden Damen am Baum. 8. E. 15. Matt, die Aquatinta bereits geschwunden.
34. Das Studienblatt von achtzehn Figuren. 8. E. 16. Copie 1 des äusserst seltenen Originals.
35. Die schlafende Frau nach Rembrandt. qu. fol. E. 17. II. mit der Schrift. Selten.
36. Die Landschaft nach Rembrandt. qu. fol. E. 18. II. mit der Schrift. Selten.
37. Titelkupfer zu den Psalmen. 8. E. 19. III. Fleckig.
38. Die Dame mit dem Muff. Schwarzk. 8. E. 20. Copie 2 des äusserst seltenen Originals.
39. Der Friede bringt den König (Friedrich II.) wieder. gr. fol. E. 21.b 2. Selten.
40. Der grosse l'Hombre-Tisch. 4. E. 22. Copie 3.

41. Die vier Damen am Fenster. 4. E. 23. Die Copie des sehr seltenen Originals.
42. Die Kinderstube des Künstlers. 4. E. 24. II.
43. Sechs Türken zu Pferd. 4. E. 25.
44. Das Viehstück nach C. W. E. Dietrich. qu. 4. E. 26. II
45. Die Bettelfrau mit den beiden Kindern. 8. E. 27.
46. Das bettelnde Soldatenweib. 8. E. 28.
47. Die Landschaftsstudie mit Hütten. qu. 8. E. 29.
48. Die Landschaftsstudie mit dem geöffneten Thor. qu. 8. E. 30.
49. Die strickende Frau. 12. E. 31. Matt.
50. Die Bettelfrau mit drei Kindern. 8. E. 32.
51. Das junge Mädchen vom Rücken gesehen. 8. E. 33.
52. Die Bauernfrau vom Rücken gesehen. 8. E. 34.
53. Drei Damen am Fenster. 8. E. 35.
54. Das lesende Kind. 12. E. 36.
55. Die beiden Alten und das Kind. qu. 8. E. 37.
56. Der Knabe mit dem Bratenwender. qu. 4. E. 38.
57. Das Brandenburger Thor in Berlin. qu. 4. E. 39.
58. Das ausländische Weib mit den drei Kindern. 8. E. 40.
59. Die Frau mit den beiden Kindern. 8. E. 41.
60. Der Türke. 8. E. 42.
61. Die drei Türken. 4. E. 43.
62. Russen und Türken. 4. E. 44.
63. Friederike Sophie Wilhelmine Prinzessin von Preussen. gr. Fol. E. 45. III. Selten, weil nicht in Handel gekommen.
64. Die Vermählung dieser Prinzessin mit Prinz Wilhelm V. von Oranien. fol. E. 46.
65. Bouquet de Maximes. 12. E. 47. Sehr selten. Ohne Plattenrand und aufgezogen.
66. Dasselbe. Copie von Meil mit Veränderungen.
67. Der grosse Calas. gr. qu. fol. E. 48. II. 1. Hauptblatt in zweitem Druck ohne Rosenkranz, aber noch mit erster Jahrzahl 1767. Ohne Plattenrand.
68. Dasselbe. Die Copie von A. L. Möglich. gr. qu. fol. Schrift und Wappen abgeschnitten.
69. Portrait Friedrich II. nach Vanloo. 8. E. 49. Seltener, E. fehlender Abdruck vor den Künstlernamen.
70. Die Karavane. qu. 8. E. 50. II. Mit der Venus auf derselben Platte.
71. Dasselbe. III. Abdruck. 1. b. von der Karavane allein auf kleinem Papier.
72. 12 Bl. zu Lessing's Minna von Barnhelm. 8. E. 51. II. Erste Folge mit den französischen Inschriften. Bis zum Stich beschnitten und aufgezogen.

73. 12 Bl. Dieselben mit deutschen Unterschriften. E. 52. III. Zerschnitten und aufgezogen. Das Titelblatt Federzeichnung von fremder Hand.
74. 12 Bl. Dieselben. II. Abdrücke vor der Unterschrift, die mit Tinte eingeschrieben ist. Selten. Zerschnitten.
75. Die neun Einfälle zur Minna von Barnhelm. qu. 12. E. 53. Die Copie 2.
76. Erstes Bl. zu Basedow's Elementarwerk. qu. fol. E. 54. III. vor der Aufätzung. Links unten im Rand berieben.
77. Action près de Choczim 1769. qu. fol. E. 55. II. ohne die beiden Figuren in den Wolken. Aufgezogen.
78. Dasselbe. E. III. mit dem grossen Mars und Venus in den Wolken.
79. Mars und Venus in Wolken. qu. 4. E. 55a. Die täuschende Copie.
80. Dasselbe. Andere Copie, auf unzerschnittener Platte.
81. Medaille auf die Schlacht bei Choczim. qu. fol. E. 56. I. vor der untergedruckten deutschen Beschreibung.
82. Zweites Blatt zu Basedow. qu. fol. E. 57. I.
83. 12 Bl. zum Don Quixote. 8. E. 58. II. Zerschnitten und aufgezogen.
84. Titelkupfer zum Vade mecum. gr. 8. E. 59.
85. Die Gleichheit aller Stände im Grabe. qu. fol. E. 60.
86. Drittes und viertes Blatt zu Basedow. qu.fol. E. 61. 62. II. III.
87. Fünftes Blatt zu Basedow. qu. fol. E. 63. I. vor der Aufätzung.
88. 3 Bl. Vignetten zur Gedächtnissrede auf Frau Daun. 8. qu. 8. E. 64—66.
89. Die ökonomische Trophäe von Labes. qu. fol. E. 67.
90. Romanzoff's Sieg über die Türken. qu. fol. E. 68.
91. 12 Bl. zu S. Gessner's Idyllen. 8. E. 69. III. Zerschnitten und aufgezogen.
92. 2 Bl. zu Büffon's Naturgeschichte. gr. 8. E. 70. I. vor dem Titel und Namen des Künstlers.
93. F. B. Schönberg von Brenkenhoff. 4. E. 70a. Seltener Probedruck b. vor der Ueberarbeitung des Wappenschildes.
94. Derselbe, anders, 4. Ohne Bezeichnung. Dem Meister zugeschrieben, doch wohl von anderer Hand gestochen.
95. 3 Bl. zu Basedow's Agathokrator. 8. E. 71—73.
96. 12 Bl. zu Ariosts rasendem Roland. 8. E. 74. II. Bis zu den Einfassungslinien verschnitten und aufgezogen.
97. Cabinet d'un Peintre. Das Familienblatt des Künstlers. qu. fol. E. 75. Schönes Blatt in gutem Abdruck.

98. Titelkupfer zu Sulzer's Theorie. fol. E. 76.
99. Titelkupfer zu Th. Abbt vom Verdienst. 8. E. 77. I. mit der falschen Inschrift Bene merites.
100. Dasselbe. E. II. Mit der geänderten Inschrift.
101. Die Einwanderung der Franzosen zur Errichtung der Regie. Friesförmig. E. 78. Unklar wie gewöhnlich, weil die Platte theilweise zu schwach geätzt.
102. Das Scharmützel. Friesförmig. E. 79.
103. Studien von Figuren. Friesförmig. E. 80.
104. Zwei Reiterstudien. qu. 8. E. 81. II. mit den abgerundeten Ecken.
105. Der Lebenslauf einer Buhlschwester. 8. E. 82.
106. Die Zelte im Berliner Thiergarten. gr. qu. fol. E. 83. Ohne Plattenrand.
107. Titelvignette zu Nouveaux Mémoires de Berlin. qu. 8. E. 84.
108. Medaille auf das Jubiläum der französischen Kirche zu Berlin. qu. 8. E. 85. Vor der untergedruckten Beschreibung.
109. Vignette zu Leçons de morale par Gellert. qu. 8. E. 86.
110. Bibliothekzeichen des französischen Seminars zu Berlin. 8. E. 87.
111. 2 Bl. Titelkupfer und Vignette zu Büffon's Naturgeschichte der Vögel. gr 8. qu. 8. E. 88. 89. Letzteres aus dem Buch und matt.
112. 12 Bl. zum Leben eines Lüderlichen. 8. E. 90. II. b. Zerschnitten und aufgezogen.
113. Titelvignette zu Krünitz's Encyclopädie. qu. 8. E. 91. I. Vor dem Namen.
114. Dasselbe. II. Mit dem Namen und Titeltext.
115. 6 Bl. 1.—5. Bl. zu Sebaldus Nothanker. 8. E. 92—96. I. Vor der Seitenzahl. Nr. 96 mit der Seitenzahl. Nr. 94 doppelt vor und mit der Seitenzahl.
116. C. G. v. Thile. gr. 8. E. 97. II. mit der Retouche.
117. Die Schlittenfahrt. Friesförmig. E. 98. Von grösster Seltenheit.
118. Cäsar's Zug über die Pyrenäen. qu. 8. E. 99. II. mit dem Cohorten-Feldzeichen.
119. 6 Bl. 6.—10. Bl. zu Sebaldus Nothanker. 8. E. 100—104. II. Mit den Seitenzahlen. Nr. 104 doppelt vor und mit der Seitenzahl.
120. J. B. Basedow. gr. 8. E. 105.
121. J. A. Philippi. gr. 8. E. 106.
122. Der Rathsherr v. Wasenberg zu Danzig. 4. E. 106 a.
123. 1 Bl. zu Lavater's physiogn. Fragmenten. qu. 4. E. 107.

124. Titelvignette zu Martini's Geschichte der Natur. qu. 8. E. 108.
125. Zweites Kupfer zu Sulzer's Theorie. qu. fol. E. 109. I. mit S. 900 unten rechts.
126. Der Künstler im Zimmer seiner Mutter zu Danzig. kl. qu. fol. E. 109a. II. von der verätzten Platte.
127. 12 Bl. zu dem Deserteur von Sedaine. 8. E. 110. II. Zerschnitten und aufgezogen.
128. Dr. Friedländer's Bibliothekzeichen. 8. E. 111.
129. Lavater's todtes Kind. qu. 4. E. 112. I. vor der doppelten Einfassungslinie etc.
130. Christuskopf. gr. 4. E. 113. I. Ebenso.
131. 3 Bl. Männliche und weibliche Köpfe. qu. 4. gr. 4. E. 114—116. I. Vor den Buchstaben und Nummern.
132. 2 Bl. Der Olymp. qu. fol. E. 117. II. ohne des Künstlers Namen. Nebst der Copie.
133. Ch. W. E. Dietrich, Maler. F. Reclam del. fol. E. 118.
134. Kleine bergige Landschaft. Friesförmig. E. 119.
135. Titelvignette zu Nicolai's Freuden des jungen Werther. qu. 8. E. 120. I. mit der lichten Stelle an der Wand.
136. Das Maskenrecht. qu. 8. E. 121.
137. Die Kleidertracht der Berlinischen Prediger. Erste Platte. 8. E. 122. I. vor den Nummern. Sehr selten.
138. Dasselbe. II. Mit den Nummern.
139. Dasselbe. Zweite Platte. E. 122a. I. vor der Aufätzung. Selten.
140. Kleinjogg. gr. 4. E. 123. II. mit der Unterschrift.
141. Lavater's Vater im Sarg. qu. 4. E. 124. II.
142. Titelkupfer zu Blankenburg's Geschichte des deutschen Reichs. 8. E. 125.
143. J. G. Zollikofer. 8. E. 126. II.
144. Unbenanntes Portrait des Zollikofer. 8. E. 127.
145. Drei Baschkiren zu Pferd. 8. E. 128.
146. 5 Bl. 12.—16. Blatt zu Sebaldus Nothanker. 8. E. 129—132. 132a. I. vor den Seitenzahlen.
147. 4 Bl. Dieselben. 129—132. II. Mit diesen Zahlen.
148. Die Heimführung der Braut. qu. 8. E. 133.
149. Der Bankerottirer. qu. 8. E. 134.
150. Der bankerottirende Schuhflicker. 8. E. 135.
151. 2 Bl. Carricaturen. I. und II. Friesförmig. E. 136. 137.
152. Drei polnische Figuren. 8. E. 138. Auf einem Bogen.
153. 2 Bl. Die Grausamkeit. 8. E. 139. II. Selten. Nebst Copie.

154. 12 Bl. zu der Geschichte des Blaise Gaulard. 8. E. 140. Gemischte Abdrücke III. u. IV. Zerschnitten und aufgezogen.
155. 12 Bl. zu Sechs Fabeln und sechs Erzählungen von Gellert. 8. E. 141. II. Unzerschnitten auf 2 Bogen.
156. W. A. Teller. gr. 8. E. 142. I. vor der Aufätzung.
157. Zwölf Köpfe berühmter Männer. fol. E. 143. II. mit den Nummern.
158. Zwölf Köpfe berühmter Frauen. fol. E. 144. I. vor den Nummern.
159. Sechszehn Köpfe alter Gelehrten. fol. E. 145. II. vor der Einfassungslinie.
160. Neun Sokratesköpfe. fol. E. 146. II. mit den Nummern.
161. 2 Bl. 1. u. 2. Bl. zum Don Quixote. 8. E. 147. 148. II.
162. Titelkupfer zu Goldsmith's Vicar of Wakefield. 8. E. 149. II. von der kleineren Platte.
163. Titelkupfer zur Storia di Bianca Capello. 8. E. 150.
164. 2 Titelvignetten zu Göthe's Werther. qu. 8. E. 151. 152.
165. 1 Bl. zu Tielcke's Mémoires. qu. 8. E. 153.
166. 5 Bl. 17.—21. Bl. zu Sebaldus Nothanker. 8. E. 154—158. II. mit der Pagina und zum Theil matt.
167. 1· Bl. von den vorigen. Nr. 155. Vor der Pagina. Selten.
168. 12 Bl. zu Goldsmith's Landpriester von Wakefield. 8. E. 159. III. Halbzerschnitten in 6 Theile.
169. 12 Bl. zu Gellert's Fabeln. 8. E. 160. II. Eine der schönsten Folgen des Meisters. Unzerschnitten auf 2 Bogen.
170. 2. u. 3. Bl. zu Tielcke's Mémoiren. qu. 4. E. 161. II. 163. III.
171. Gellert's Monument zu Leipzig nach Oeser. 8. E. 163. II. vor der Retouche.
172. 2 Bl. Erste und zweite Militairstrafe. qu. 8. E. 164. 165.
173. J. W. Goethe. G. M. Kraus del. gr. 8. E. 166.
174. Titelkupfer zu Nicolai's feyner kleyner Almanach. 8. E. 167. II. mit der Ueberarbeitung.
175. Titel und Portrait zu Voss's Musenalmanach 1777. 8. E. 168. I. vor der Ueberarbeitung. Unzerschnitten.
176. 3 Bl. 3.—5. Bl. zum Don Quixote. gr. 8. E. 169—171.
177. 12 Bl. zur Geschichte des Predigers Gros. 8. E. 172. II. vor der Retouche mit dem Grabstichel. Zerschnitten und aufgezogen.
178. 2 Bl. Titelvignette und Kupfer zu Schummel's Kinderspielen. 8. E. 173. 174.

179. Titel und Portrait zu Voss's Almanach 1777. 8. E. 175. Unzerschnitten.
180. Titelkupfer zum Weihnachtsgeschenk für Kinder. 8. E. 176.
181. 2 Bl. Titelkupfer zu Basedow's Gesangbuch. 8. E. 177. 178.
182. Titelkupfer zu Basedow's praktischer Philosophie. 8. E. 179. II. mit der Ueberarbeitung des Hauses hinten.
183. U. F. B. Brückmann. J. F. Eich p. gr. 8. E. 180.
184. Pascha Weitsch. J. F. Eich p. gr. 8. E. 181.
185. 12 Bl. zu Sophien's Reise von Memel nach Sachsen. 8. E. 182. II. mit den senkrechten Strichen in den Unterrändern. Unzerschnitten auf 2 Bogen.
186. 12 Bl. Die Monate. 8. E. 183. III. vor der zweiten Correctur des Wortes selbst, in selber. Unzerschnitten auf 2 Bogen.
187. Titelvignette zu Zachariä's Tayti. F. G. Weitsch del. qu. 8. E. 184. I. vor der Unterschrift.
188. Titelvignette zu Seiler's Christenthum. qu. 8. E. 185.
189. Titelkupfer zu Menadie's Leben. gr. 8. E. 186.
190. Titel und Portrait zum Lauenburgischen genealog. Kalender 1778. 8. E. 187. III. Unzerschnitten.
191. 12 Bl. Der Fortgang der Tugend und des Lasters. 8. E. 188. I. vor der Retouche. Sehr selten. Zerschnitten und aufgezogen.
192. 2 Bl. zu Dusch's Geschichte Carl Ferdiner's. 8. E. 189. 190. II. vor der Pagina.
193. 2 Bl. Dieselben mit der Pagina.
194. F. E. Rochow. gr. fol. E. 191. IV.
195. Das Bibliothekzeichen des Künstlers. 8. E. 192.
196. 12 Bl. Die Monate. 8. E. 193. II. Unzerschnitten auf 2 Bogen.
197. Titel und Portrait zum Almanac généalog. 1778 de Lauenbourg. 8. E. 194. I. vor den Inschriften und unzerschnitten.
198. Dasselbe. II. mit denselben und aus dem Buch.
199. 2 Titelblätter und 3 Bl. Kopfputz zum Göttinger Taschenkalender 1778. 8. E. 195. II. Unzerschnitten in zwei Theilen.
200. 2 Bl. Die Titelblätter der vorigen Nummer in sehr seltenem, E. fehlendem Abdruck vor der Schrift. Zerschnitten.
201. Friedrichs II. Wachtparade in Potsdam. qu. fol. E. 196. I. a. vor der Schrift und mit dem helleren Pferdefuss.
202. Dasselbe. II. mit der Adresse, aber vor dem Namen des Königs.

203. Titel und Portrait zum Musenalmanach 1778. 8. E. 197.
I. Vor der Inschrift auf dem Titel. Unzerschnitten.
204. Dasselbe. II. mit der Inschrift. Unzerschnitten.
205. Der Kronprinz zu Pferd. 4. E. 198.
206. Die drei Grazien. 8. E. 199.
207. Friedrichs II. Wachtparade. Zweite Platte. qu. fol. E. 200. II.
208. Friedrich II. zu Pferde. fol. E. 200a. Früherer Abdruck mit den noch sichtbaren Strichelungen, Punkten etc. in der Platte.
209. 3 Bl. 2 Bl. zu Stilling's Jugend. 8. qu. 8. E. 201. 202. 1 Bl. doppelt vor und mit dem Titel des Buches.
210. Titelkupfer zu Menadie's Leben. 8. E. 203.
211. Titel und Portrait zu Voss's Musenalmanach 1778. 8. E. 204. II. mit den Inschriften. Unzerschnitten.
212. 12 Bl. Die Monate. 8. E. 205. II. mit der Schrift. Unzerschnitten auf 2 Bogen.
213. Titel und Portrait zum Lauenburger Kalender 1778. 8. E. 206. I. vor der Schrift. Unzerschnitten.
214. Dasselbe. II. mit der Schrift. Unzerschnitten.
215. Vignette zum Wandsbecker Boten. qu. 8. E. 207.
216. 6 Bl. zu Voltaire's Kandide. 8. E. 208—212. II. vor der Aufstechung, Nr. 208 mit 208a. auf der noch unzerschnittenen Platte, die andere Platte in zwei Theile zerschnitten.
217. 2 Bl. zu Shakespeare's Hamlet. gr. 8. E. 213. 214. II. Nr. 214 vor der Pagina.
218. 16 Bl. zu J. Bunkel's Leben. 8. E. 215—30. I. vor der Pagina. Sehr selten. Zerschnitten.
219. 16 Bl. Dieselben II. mit der Pagina. Halb unzerschnitten in 8 Theilen.
220. 12 Bl. moralischen und satyrischen Inhalts. 8. E. 231. II. mit der Unterschrift. Unzerschnitten auf 2 Bogen. Wenig fleckig und eine Darstellung wenig beschädigt.
221. 8 Bl. zu Bürger's Gedichten. 8. E. 232—39. I. vor der Pagina. Von grosser Seltenheit. Zerschnitten.
222. 5 Bl. von denselben. Mit der Pagina und aus dem Buch.
223. Titelkupfer zu Mackenzie's Mann von Gefühl. gr. 8. E. 240. II.
224. Dasselbe. IVa. mit zwei Einfällen.
225. Dasselbe. IVb. ohne die Einfälle.
226. Titelvignette zu Robert v. Hohenecken. gr. 8. E. 241.
227. Zwei Vignetten zu Niemeyer's Gedichten. qu. 8. E. 242. 243. I. vor der Pagina.

228. Titelkupfer und Vignette zu Stilling's Jünglingsjahre. 8. E. 244. 245.
229. 1.—6. Bl. zu Hippel's Lebensläufe. gr. 8. E. 246—51. Die erste Platte unzerschnitten, die zweite in zwei Stücke zerschnitten.
230. 12 Bl. zu Shakespeare's Hamlet. 8. E. 252. In sechs Stücke zerschnitten.
231. Titel und Portrait zum Lauenburger Kalender 1779. 8· E. 253. III. mit der gestochenen Schrift. Unzerschnitten.
232. 5 Bl. Kopfputze und Kleidungen zu demselben Kalender. 8. E. 254. 255. Unzerschnitten in zwei Stücken.
233. 12 Bl. natürliche und affectirte Handlungen, erste Folge. 8. E. 256. I. vor den Unterschriften. Sehr selten. In 6 Stücke zerschnitten.
234. 12 Bl. Dieselben II. mit den Unterschriften. Zerschnitten, die Nummern abgeschnitten und aufgezogen.
235. Die Büste Shakespeare's. 8. E. 257.
236. 2 Bl. Kopfputze. 8. E. 258. I. mit dem falschen Wort Passupartout. Unzerschnitten.
237. Dasselbe. Aeusserst seltener Aetzdruck. Unzerschnitten.
238. 12 Bl. moralischen und satyrischen Inhalts. 8. E. 259. II. Unzerschnitten auf 2 Bogen.
239. Titel und Portrait zu Almanac généalog. 1779 de Lauenbourg. 8. E. 260. II. Unzerschnitten.
240. Die Jünger zu Emaus. Erstes Blatt. gr. 4. E. 261.
241. 2 Bl. zu Stilling's Wanderschaft. 8. E. 262. 263. III.
242. 1.—4. Bl. zu Phil. Gatterer's Gedichten. 8. E. 264—67. Unzerschnitten in 2 Theilen. Nr. 266 in I. Druck mit der falschen Pagina.
243. 3. Bl. zum Carl Ferdiner. 8. E. 268.
244. Dasselbe mit dem Titel, oder aus dem Buch.
245. 12 Bl. moralischen und satyrischen Inhalts. 8. E. 269. II. Zerschnitten, die Nummern abgeschnitten und aufgezogen.
246. Titel und Portrait zum Lauenburger Kalender 1779. 8. E. 270. II. Unzerschnitten.
247. J. A. Eberhard. gr. 8. E. 271.
248. Lady Macbeth. gr. 8. E. 272. I. vor aller Schrift. Selten.
249. Dasselbe II. mit der Schrift.
250. 1.—4. Bl. zum Gil Blas. 8. E. 273—76. I. vor den eingestochenen Titeln. Unzerschnitten in zwei Theilen.

251. 4 Bl. Dieselben. II. mit den Titeln und der ersten Jahrzahl 1779. Ebenso.
252. Die Jünger zu Emaus. Zweites Blatt. Rund 4. E. 277.
253. 4. Bl. zum Carl Ferdiner. qu. 8. E. 278. II.
254. 12 Bl. zum Leben eines schlecht erzogenen Frauenzimmers. 8. E. 279. II. Unzerschnitten auf 2 Bogen.
255. 6 Bl. zu Wezel's wilde Betty. 8. E. 280—84. Die Titelvignette doppelt vor u. mit dem Titel. Nr. 283 u. 84 unzerschnitten.
256. 5.—8. Bl. zu Gil Blas. 8. E. 285—288. I. vor den eingestochenen Titeln und unzerschnitten auf 2 Theilen.
257. 4 Bl. Dieselben. III. mit den Titeln und der letzten Jahrzahl 1785. Ebenso.
258. 7. und 8. Bl. zu Hippel's Lebensläufe. 8. E. 289. 90. I. mit erster Pagina und unzerschnitten. Selten.
259. Erstes Bl. zu Schultze's lateinischem Elementarbuch. 8. E. 291. II. mit der Sonne.
260. 6 Bl. zu Wezel's Peter Marks. 8. E. 292—97. Zerschnitten.
261. 9.—14. Bl. zu Hippel's Lebensläufe. 8. E. 298—303. Nr. 298 und 299 mit erster Pagina.
262. Titelkupfer zur Sammlung witziger Einfälle. 8. E. 304.
263. Kaiserin Catharina II. nach Rotari. 8. E. 305.
264. 12 Bl. verschiedenen Inhalts. 8. E. 306. III. Unzerschnitten auf 2 Bogen.
265. Titel und Portrait zum Lauenburgischen genealog. Kalender 1780. 8. E. 307. II. Unzerschnitten.
266. Brustbild der Minerva. 8. E. 308.
267. 2 Bl. Kopfputz. 8. E. 309. II. Unzerschnitten.
268. 2 Bl. Dieselben. Unvollendeter Probedruck und vor aller Schrift. Sehr selten. Unzerschnitten.
269. 3 Bl. Kleidungen. 8. E. 310. II. Unzerschnitten.
270. Titelkupfer zum Berliner genealog. Kalender 1780. 8. E. 311. I. vor der Unterschrift.
271. 2 Bl. Dasselbe. II. mit der Schrift, nebst Copie.
272. J. J. Engel. gr. 8. E. 312.
273. 3.—12. Bl. zu Gil Blas. 8. E. 313—16. I. vor den eingestochenen Titeln. Unzerschnitten in 2 Theilen.
274. 4 Bl. Dieselben III. mit der letzten Jahrzahl 1785. Ebenso.
275. Titelkupfer zu Campe's Robinson. gr. 8. E. 317.
276. Titelvignette zur Lobrede auf Milord Maréchal. Rund 8. E. 318 I. von der grösseren Platte.
277. 12 Bl. Natürliche und affectirte Handlungen, zweite Folge. 8. E. 319. II. Unzerschnitten auf 2 Bogen.

278. 12 Bl. zu Lessing's Fabeln und Erzählungen. 8. E. 320. Zerschnitten und aufgezogen.
279. 8 Bl. von den vorigen. I. vor den Unterschriften und der Nummer. Unzerschnitten in 2 Stücken.
280. 2 Bl. Kopfputz. 8. E. 321. I. vor der Unterschrift und vor Ueberarbeitungen. Sehr selten. Unzerschnitten.
281. 2 Bl. Dieselben II. mit der Unterschrift. Unzerschnitten.
282. 2.—8. Bl. zu Schulze's lateinischem Elementarbuch. 4. E. 322. 23. 24. I. Vor der Schrift und unzerschnitten. Sehr selten.
283. 7 Bl. Dieselben. II. mit der Schrift und zerschnitten.
284. 1 Bl. zu Reichard's Bibliothek der Romane. 8. E. 325.
285. 4 Bl. zu Stolberg's Gedichten. 8. E. 326—29. I. Von grosser Seltenheit. Zerschnitten.
286. 12 Blatt verschiedenen Inhalts. 8. E. 330. Unzerschnitten in 2 Bogen.
287. Titel und Portrait zum Almanac. généalog. de Lauenbourg 1780. 8. E. 331. II. Unzerschnitten.
288. Titelkupfer zu den Medicinischen Annalen. 8. E. 332. I. von der breiteren Platte.
289. 5.—8. Bl. zum Carl Ferdiner. 8. E. 333—36. Die Titelvignette doppelt, vor und mit dem Titel.
290. Die Wallfahrt nach französisch Buchholz. qu. 4. E. 337.
291. Titel und Portrait zum Lauenburger genealog. Kalender 1780. 8. E. 338. Unzerschnitten.
292. Titelvignette zu Ramsay's Reisen des Cyrus. 8. E. 339.
293. Titelkupfer zu Miller's Geschichte der Zärtlichkeit. 8. E. 340.
294. 9. Bl. zum Carl Ferdiner. 8. E. 341. I. vor der Nummer. Selten.
295. Dasselbe II. mit der Nummer.
296. 2 Bl. Männliche Bediente, zu Lichtenberg's Orbis pictus. 8. E. 342. 43.
297. 2 Bl. Dieselben. Spätere Abdrücke, wo Platte 342 verkleinert ist.
300. Chr. W. Scheel, Banquier. fol. E. 344. II.
301. 12 Bl. Heirathsanträge. Erste Folge. 8. E. 345. II. Zerschnitten in 6 Stücke.
302. Titelkupfer zur Geschichte eines Genie's. 8. E. 346.
303. Vignette zu Lavater's Jesus Messias. qu. 8. E. 347. II. mit der Jesusfigur.
304. Titel zu Schummel's Wilhelm v. Blumenthal. 8. E. 348.
305. Zwei Vignetten zum Leben der Fürstin Casimira von

Lippe-Detmold. qu. 8. E. 349. 50. II. mit dem falschen Z.
306. Titelvignette zu Meisner's Skizzen. qu. 8. E. 351. I. vor Wegradirung der Pagina.
307. Titelkupfer zu Westphal's Wilh. Edelwald. 8. E. 352.
308. Der kleine Calas. 8. E. 353. I. vor der Ueberarbeitung.
309. W. S. von Belling. gr. 8. E. 354. Selten, weil nicht in den Handel gekommen.
310. 12 Bl. Occupations des Dames. 8. E. 355. II. Unzerschnitten auf 2 Bogen.
311. 12 Bl. Hochzeitsgebräuche bei verschiedenen Völkern. 8. E. 356. II. vor den Nummern. Ebenso.
312. 12 Bl. Steckenpferdreiterei. 8. E. 357. II. Matt und zerschnitten.
313. Zwei Titel zum Almanac de Goettingue 1781. 8. E. 358. II. Unzerschnitten.
314. 2 Bl. Kopfputz zu diesem Almanach. 8. E. 359. Unzerschnitten.
315. 2 Penelope. 8. E. 360. II. Matt und der Künstlername weggerieben. Dabei die Copie von Berger.
316. Titel und Portrait zum Lauenburger Kalender 1781. 8. E. 361. I. vor der Schrift. Unzerschnitten.
317. Dasselbe, mit der Schrift. Unzerschnitten.
318. 2 Bl. Kopfputz. 8. E. 362. I. Probedruck vor den Inschriften. Selten. Unzerschnitten.
319. 2 Bl. Dieselben. II. mit der Schrift. Unzerschnitten.
320. 3 Bl. Kleidungen. 8. E. 363. I. Probedruck vor der Schrift. Selten. Unzerschnitten.
321. 3 Bl. Dieselben, mit der Schrift. Unzerschnitten.
322. Titelkupfer zu Neujahrsgeschenk für Frauenzimmer. 8. E. 364.
323. Titelkupfer zu Westphal's Wilh. Edelwald. 8. E. 365.
324. Dito zur Geschichte eines Genie's. 8. E. 366.
325. Dito zu den Memoiren des Grafen Grammont. 8. E. 367.
326. Weibliche Bediente. 8. E. 368. Matt.
327. Dasselbe. Späterer Druck mit Retouchen von fremder Hand.
328. 1.—6. Bl. zu Erasmus Lob der Narrheit. gr. 8. E. 369—74. II.
329. Vignette zu Tielcke's Beyträge. qu. 8. E. 375. I. vor der Unterschrift.
330. Dasselbe II. mit derselben.
331. Titelvignette zu Cramer's Unterhaltungen. qu. 8. E. 376.
332. Die Statue des Erasmus, nach Holbein. gr. 8. E. 377. I. vor der Inschrift. Sehr selten.

333. Dasselbe II. mit der Inschrift.
334. Vignette zu Erasmus' Lob der Narrheit. 8. E. 378. I. von der grösseren Platte. Sehr selten.
335. Dasselbe II. mit dem Titel des Buches.
336. F. G. Lüdke. gr. 8. E. 379.
337. 12 Bl. zu Voltaire's Schriften. 8. E. 380. II. Zerschnitten und etwas kleisterfleckig.
338. Titelvignette zu Pestalozzi's Lienhard und Gertrud. 8. E. 381.
339. 12 Bl. Heirathsanträge. Zweite Folge. 8. E. 382. II. Unzerschnitten auf 2 Bogen.
340. Titelvignette zu Hermes Andachtsbuch. Rund qu. 8. E. 383. II.
341. Wilhelm Tell. gr. qu. fol. E. 384. Hauptblatt in schönem II. Druck.
342. 5 Bl. zu Ewalds Rolf Krage. gr. 8. E. 385—89.
343. Titelkupfer zu Phil. v. Freudenthal. gr. 8. E. 390.
344. Lady Montaigne im Frauenbad zu Sophia. gr. 8. E. 391.
345. Titelkupfer zu Wilh. v. Blumenthal. gr. 8. E. 392.
346. Dito zu Westphal's Portraits. gr. 8. E. 393.
347. Werke der Finsterniss. qu. fol. E. 394. II.
348. 12 Bl. zu Nicht mehr als sechs Schüsseln. 8. E. 395. III. Unzerschnitten auf 2 Bogen.
349. 12 Bl. Histoire de Croisades par Mayer. 8. E. 396. II. Ebenso.
350. Titel und Portrait zum Lauenburger Kalender 1782. 8. E. 397. I. vor den Inschriften und vor Ueberarbeitungen. Selten. Unzerschnitten.
351. Dasselbe. Mit der Schrift. Unzerschnitten.
352. 5 Bl. Kopfputz und Kleidungen. 8. E. 398. 99. I. vor der Schrift. Selten. Unzerschnitten.
353. 5 Bl. Dieselben. II. mit der Schrift und in 2 Theile geschnitten.
354. 2 Bl. Kopfputz. 8. E. 400. I. vor der Schrift und unzerschnitten. Selten.
355. 2 Bl. Dieselben. II. mit der Schrift. Unzerschnitten.
356. 2 Bl. Herumziehende Comödianten. gr. 8. E. 401. Doppelt in altem und neuem Druck.
357. 2 Bl. zu Wezel's Wilhelmine Arend. 8. E. 402. 3.
358. Titelvignette zu Sack's Predigten. 8. E. 404.
359. Erste Titelvignette zu Hermes' Passionspredigten. Rund 8. E. 405. II. vor der Umschrift.
360. Dasselbe ebenso, mit Autograph Chodowiecki's, wo dieser Berger bittet, die Schrift einzustechen.

361. Titelvignette zu Becher's Toleranz. qu. 8. E. 406. II. vor der Retouche.
362. 15.—17. Bl. zu Hippel's Lebensläufe. gr. 8. E. 407. 407a. 408. I. vor der Pagina. Nr. 408 doppelt, auch mit der Pagina.
363. 18.—24. Bl. zu Hippel's Lebensläufe. 8. E. 409—415. 1. vor der Pagina. Nr. 413 doppelt, auch mit der Pagina.
364. 2 Bl. zu Sophie Albrecht's Gedichten. 8. E. 416. 416a.
365. Zweite Titelvignette zu Hermes' Andachtsbuch. Rund 8. E. 417. II.
366. Die büssende Magdalena. qu. 8. E. 418.
367. 12 Bl. zur Lanassa von Plümicke. 8. E. 419. II. Zerschnitten.
368. 5. u. 6. Bl. zu Phil. Engelhard's Gedichten. 8. E. 420. 21. I. vor der Pagina.
369. 5 Bl. Menschen-Varietäten. qu. 8. E. 422—26.
370. Titelkupfer zu Eberhard's Amyntor. 8. E. 427.
371. 4 Bl. zu Coventry's kleiner Cäsar. 8. E. 428—31. I. Unzerschnitten in 2 Stücken.
372. Titelkupfer zu Joseph. 8. E. 432.
373. Titelvignette zu Unzer's Brüder des grünen Bundes. qu. 8. E. 433. Doppelt, vor und mit dem Titel.
374. Titelkupfer zum Leben des Prior Hartungus. 8. E. 434.
375. Dito zu Scarron's komischem Roman. 8. E. 435.
376. Aus Klopstock's Herrmannsschlacht. fol. E. 436. A. Erste verworfene Platte. Selten.
377. Dasselbe. Zweite Platte. Ba. vor der Unterschrift. Sehr selten.
378. Vignette zur Elegie auf Barez's Tod qu. 4. E. 437.
379. 12 Bl. zu Rousseau's neue Heloise. 8. E. 438. II. mit französ. Unterschrift. Zerschnitten und aufgezogen.
380. 12 Bl. Dieselben. III. mit deutscher Unterschrift. Ebenso.
381. 12 Bl. zu Huon de Bordeaux. 8. E. 439. II. Unzerschnitten auf 2 Bogen. Selten.
382. 12 Bl. zum Centifolium Stultorum. 8. E. 440. IIIb. Zerschnitten und aufgezogen.
383. Die Frau mit 2 Kindern. 4. E. 440a.
384. Titel und Portrait zum Lauenburger genealog. Kalender 1783. 8. E. 441. Aeusserst seltener Probedruck. Unzerschnitten.
385. Dasselbe II. mit der Schrift. Unzerschnitten.
386. 5 Bl. Kopfputz und Kleidungen. 8. E. 442. 443. I. vor der Schrift und vor Ueberarbeitungen. Unzerschnitten auf 1 Bogen. Sehr selten.

387. 5 Bl. Dieselben. II. mit der Schrift. Unzerschnitten in 2 Stücken.
388. 12 Bl. zu Pestalozzi's Lienhard und Gertrud. 8. E. 444—55. Halb zerschnitten in 6 Stücke.
389. Titelkupfer zu: Ueber das Ganze der Maurerei. 8. E. 456.
390. Dito zu Meisner's Schriften. 8. E. 457. I. vor der Verkleinerung der Platte. Selten.
391. Vignette zu Müller's Verschanzungskunst. qu. 8. E. 458.
392. Titelkupfer zu den Psalmen. 8. E. 459. I. vor aller Schrift und von der grösseren Platte (Letzteres bemerkt E. nicht).
393. Dasselbe. II. mit der Schrift und von der kleineren Platte.
394. 1. Bl. zu den Mémoires des Refugiés. gr. 8. E. 460. I. vor aller Schrift.
395. Dasselbe. II. mit der Schrift.
396. S. J. E. Stosch. gr. 8. E. 461. I. Mit dem fehlerhaften Stoss statt Stosch.
397. Dasselbe. II. aus dem Buch.
398. 6 Bl. zu Schiller's Räubern. 8. E. 462. Sehr seltener Probedruck vor der Nr. 6 und vor der Schrift. Unzerschnitten.
399. 6 Bl. Dieselben. II. mit der Schrift. Unzerschnitten auf 2 Bogen.
400. Bojokal's Leben. fol. E. 463. I. vor der Schrift.
401. Dasselbe. II. mit erster Unterschrift.
402. 12 Bl. zu Yorick's empfindsame Reisen. 8. E. 464. II. Unzerschnitten auf 2 Bogen.
403. Maria umarmt Elisabeth. 8. E. 465. I. vor der Unterschrift. Sehr selten.
404. Dasselbe. II. mit der Schrift.
405. Die Anbetung der Hirten. 8. E. 466. II.
406. Titelkupfer zu Katharina's Zarewitsch Chlor. 8. E. 467.
407. 2.—7. Bl. zum Wandsbecker Boten. 8. qu. 8. E. 468—73. Nr. 471 sehr seltener Aetzdruck.
408. 2. und 3. Bl. zur Bibliothek der Romane. 8. E. 474. 75. I. vor dem Titel.
409. 1. und 2. Bl. zu Salzmann's Carl von Carlsberg. 8. E. 476. 77. I. von der unzerschnittenen Platte. Selten.
410. Titelvignette zu Meisner's Skizzen. qu. 8. E. 478. I. vor der Retouche. Selten.
411. Kaiser Rudolph besiegt König Ottokar. gr. 4. E. 479. I. vor der Schrift. Selten.

412. Dasselbe. II. mit erster Unterschrift.
413. 12 Bl. zu Siegfried von Lindenberg. 8. E. 480. II. Unzerschnitten auf 2 Bogen.
414. 12 Bl. zu Adelheid von Veltheim. 8. E. 481. II. Ebenso.
415. 12 Bl. zu Gil Blas de Santillano. 8. E. 482. II. mit den fehlerhaften Unterschriften. Unzerschnitten auf 2 Bogen.
416. Titel und Portrait zum Lauenburger genealog. Kalender 1784. 8. E. 483. I. vor aller Schrift und unzerschnitten. Selten.
417. Dasselbe. II. mit der Schrift. Unzerschnitten.
418. Jesus von Engeln bedient. 8. E. 484. II.
419. Maria und Joseph finden Jesum im Tempel. 8. E. 485. I. vor der Schrift.
420. Christus am Oelberg. 8. E. 486. III.
421. 4 Bl. zu Siegfried von Lindenberg. 8. E. 487—90. I. vor der Unterschrift. Selten. 2 Bl. doppelt auch mit der Schrift.
422. Titelkupfer zu Katharina's Zarewitsch Fewei. 8. E. 491.
423. 12. Bl. zu Sprengel's Nordamerikanische Revolution. 8. E. 492. III. Zerschnitten.
424. 2. Kupfer zu Mémoires des Réfugiés. gr. 8. E. 493. I. vor der Schrift. Sehr selten.
425. Dasselbe. II. mit der Schrift.
426. 3. und 4. Bl. zu Salzmann's Carl von Carlsberg. gr. 8. E. 494. 95. I. von der grösseren Platte, jedoch matt.
427. 4 Bl. zu Weisse's Briefwechsel. 8. E. 496—99. Nr. 496 und 98 im I. Druck vor der Pagina.
428. Edler Zug aus dem Leben Ludwig's des Frommen. gr. 8. E. 500. I. vor der Unterschrift. Selten. Beschnitten.
429. Dasselbe. II. mit erster Unterschrift.
430. Titelvignette zu Seyffert's Morgenandachten. Rund 8. E. 501. 1. II. Doppelt vor und mit der Schrift, ersteres selten.
431. 3 Bl. zu Balder's Tod. 8. E. 502—4.
432. 3 Bl. zu Ewald's Fischer. 8. E. 505—7. I. vor Angabe der Acte. Selten.
433. 2 Bl. von denselben. II.
434. 4. und 5. Bl. zu Reichard's Bibliothek der Romane. 8. E. 508. 9. Unzerschnitten.
435. 5. und 6. Bl. zu Salzmann's Carl von Carlsberg. 8. E. 510. 11. I. von der unzerschnittenen Platte. Selten.

436. Jesus heilt den Blindgebornen. 8. E. 512. I. vor der Unterschrift. Selten.
437. Dasselbe. II. mit der Schrift.
438. 12 Bl. Sechs männliche und sechs weibliche Eigenschaften. 12. E. 513. II. Unzerschnitten in 2 Stücken.
439. 12 Bl. zu Shakespeare's Macbeth. 8. E. 514. II. Ebenso.
440. 12 Bl. zu Bretzner's Eheprocurator. 8. E. 515. II. Ebenso.
441. Titel und Portrait zum Lauenburger genealog. Kalender 1785. 8. E. 516. Sehr seltener Aetzdruck und unvollendet. Unzerschnitten.
442. Dasselbe, mit der Schrift und vollendet. Unzerschnitten.
443. 12 Bl. zur Geschichte der Menschheit. 8. E. 517. II. Zerschnitten, aufgezogen und matt.
444. Titelvignette zu den Abendandachten. Rund 8. E. 518. I. II. Doppelt, vor und mit der Umschrift.
445. Titelkupfer zu den komischen Erzählungen 8. E. 519.
446. 6. Bl. zu Reichard's Bibliothek der Romane. 8. E. 520.
447. 1.—7. Bl. zu Richardson's Clarissa. 8. E. 521—27. I. vor den Nummern und unzerschnitten. Sehr selten.
448. La calvacata infortunata. qu. 8. E. 527a.
449. Jesus und die Mutter der Zebedäiden. 8. E. 528. I. vor der Schrift. Selten.
450. Dasselbe. II. mit der Schrift.
451. 3. Kupfer zu den Mémoires des Réfugiés. 8. E. 529. I. vor der Schrift, Selten.
452. Dasselbe. II. mit der Schrift.
453. Andr. Böhm. 8. E. 530. Unvollendeter Aetzdruck. Sehr selten.
454. Dasselbe. Vollendet und mit der Schrift.
455. Titelkupfer zu de la Vaux Grammaire. 8. E. 531. I. vor der Schrift. Sehr selten.
456. Dasselbe. II. mit der Schrift.
457. Jesus und Barrabas vor Pilatus. 8. E. 532. I. vor der Schrift. Selten.
458. Dasselbe. II. mit der Schrift.
459. 12 Bl. zu Smollett's Peregrine Pickle. 8. E. 533. II. Unzerschnitten auf 2 Bogen.
460. Segest liefert Thusnelda aus. gr. 8. E. 534. I. vor der Schrift. Selten. Beschnitten.
461. Dasselbe. II. mit erster Unterschrift.
462. Titelkupfer zu Rousseau's Heloise. 8. E. 535.
463. 2 Kupfer zu Salzmann's Carl v. Carlsberg. 8. E. 536.37. I. von der unzerschnittenen Platte. Selten.

464. 7. Bl. zu Reichard's Bibliothek der Romane. 8. E. 538.
465. 12 Bl. zu Shakespeare's König Heinrich IV. 8. E. 539. III. Zerschnitten und aufgezogen.
466. Herzog Leopold v. Braunschweig geht seinem Tod in der Oder entgegen. qu. fol. E. 540. III. mit dem schwimmenden Menschen.
467. Dasselbe. IV. ohne denselben.
468. 12 Bl. zu Schiller's Cabale und Liebe. 8. E. 541. II. Unzerschnitten auf 2 Bogen.
469. 4 Vignetten zur Elegie auf des Künstlers Gattin. 8. E. 542—45.
470. Vignette zu Holtzendorff's Genesung kl. qu. fol. E. 546. II.
471. Portrait von Hawser Trunion. 8. E. 547. I. die linke Seite der Platte leer. Selten.
472. Dasselbe II. mit der von Berger gestochenen Copie auf dieser Seite.
473. Dasselbe, die linke Seite mit einem Papierstreif zugelegt.
474. Titelkupfer zu Krasicki's verjüngter Greis. 8. E. 548. II.
475. 12 Bl. zu Le Mariage de Figaro. 8. E. 549. II. vor Abänderung der Schrift und vor der Retouche. Unzerschnitten auf 2 Bogen.
476. 8.—15. Bl. zu Richardson's Clarissa. 8. E. 550—57. Zerschnitten.
477. Titelvignette zu Hermes' Beiträge. qu. 8. E. 558. II. Doppelt vor und mit dem Titel.
478. 12 Bl. zu Iffland's Jäger. 8. E. 559. II. Unzerschnitten auf zwei Bogen.
479. 4. Kupfer zu Mémoires des Réfugiés. 8. E. 560. II.
480. Titelkupfer zu Katharina's Erzählungen. 8. E. 561.
481. 6 Bl. Ostindische Gebräuche. 8. E. 562. Sehr seltener Probedruck vor aller Schrift und vor Ueberarbeitungen. Unzerschnitten.
482. 6 Bl. Dieselben. II. Unzerschnitten auf 2 Bogen.
483. Blanquet der Akademie der Künste zu Berlin. qu. fol. E. 563. I. vor der Schrift.
484. Titelkupfer zu Will's Triumph. 8. E. 564.
485. Ziethen sitzend vor seinem König. gr. qu. fol. E. 565. II. Hauptblatt.
486. Das Erklärungsblatt dazu. qu. fol. E. 566.
487. 12 Blatt Brandenburgische Kriegsscenen. 8. E. 567. I. vor aller Schrift. Unzerschniten auf 2 Bogen.
488. 12 Bl. Dieselben. III. Ebenso.
489. 12 Bl. zu Shakespeare's lustige Weiber zu Windsor. 8. E. 568. II. vor den Nummern. Ebenso.

2*

490. 12 Bl. zu Caroline von Lichtfield. 8. E. 569. Unzerschnitten auf 2 Bogen.
491. Die Einsetzung des Abendmahls. qu. 8. E. 570. II.
492. 12 Bl. zu Shakespeare's Coriolan. 8. E. 571. II. Unzerschnitten auf 2 Bogen.
493. Verbesserung der Sitten. qu. fol. E. 572.
494. 5. Knpfer zu den Mémoires des Réfugiés. gr. 8. E. 573. I. vor dem grossen Baum etc. Seltener Aetzdruck.
495. Dasselbe. III. mit der Schrift.
496. Der erste Fächer. gr. qu. fol. E. 574. Auf der Seite wie gewöhnlich in den Plattenecken beschnitten.
497. Der zweite Fächer. gr. qu. fol. E. 575. Ebenso.
498. Kama im Heiligthum der Diana. kl. fol. E. 576. I. mit erster Unterschrift.
499. 4 Bl. zu Göthe's Schriften. 8. E. 577—80. Nr. 577. 78. im I. Druck vor der Theilangabe.
500. 1. Bl. zu Gotter's Gedichten. qu. 8. E. 581.
501. 12 Bl. zu Camille. 8. E. 582. III. Unzerschnitten auf 2 Bogen.
502. 12 Bl. zu Shakespare's Sturm. 8. E. 583. II. Ebenso.
503. J. A. Hermes. gr. 8. E. 584.
504. 2 Bl. Titelkupfer und Vignette zu Blumenbach's Naturgeschichte und Bildungstrieb. 8. E. 585. 86.
505. Das Auge der Vorsehung. 8. E. 587. IIc.
506. 12 Bl. zu Cäcilia. 8. E. 588. Unzerschitten auf 2 Bogen.
507. Allegorie auf die Einäscherung Neuruppin's. qu. fol. E. 589.
508. 2.—4. Bl. zu Gotter's Gedichten. 8. E. 590—92. I. vor der Unterschrift. Sehr selten.
509. 2 Bl. von denselben. II. mit der Schrift. Beschnitten.
510. 6. Kupfer zu Mémoires des Réfugiés. 8. E. 593. I. vor aller Schrift. Selten.
511. Dasselbe. II. mit der Schrift.
512. 2 Bl. zu Bretzner's Leben eines Lüderlichen. 8. E. 594. 95.
513. Titel zum Lauenburger geneal. Kalender 1789. 8. E. 596. Sehr seltener Probedruck vor vielen Arbeiten und vor aller Schrift.
514. Dasselbe. II. mit der Schrift und vollendet.
515. Vignette zu Lavater's Menschenkenntniss. 8. E. 597.
516. 12 Bl. Beweggründe zum Heiraten. 8. E. 598. II. vor der Zerschneidung der Platte. Unzerschnitten auf 2 Bogen. Selten.
517. 12 Bl. Modethorheiten. 8. E. 599. II. Unzerschnitten auf 2 Bogen.

518. 12 Bl. zu den Anekdoten und Charakterzügen Friedrich II. 8. E. 600. Ebenso.
519. Modethorheit. 8. E. 601. Vollendet und mit dem leeren linken Raum der Platte, doch vor dem Buchstaben f hinter dem Namen. Sehr selten, von E. nicht aufgeführt.
520. Dasselbe. I. Der linke leere Raum abgeschnitten.
521. Dasselbe. II. mit derselben Darstellung von Henne auf der linken Seite.
522. 4 Bl. zu der Geschichte des holländischen Krieges. 8. E. 602. IV. Unzerschnitten in 2 Stücken.
523. 1. Kupfer zu Weber's Sagen der Vorzeit. 8. E. 603. I. vor der Pagina.
524. Titelkupfer zu Halem's Poesie und Prosa. 8. E. 604.
525. Titelvignette zu Hermes für Eltern und Ehelustige. Rund qu. 8. E. 605. Doppelt vor und mit dem Titel.
526. Kleine etruskische Darstellung. qu. 8. E. 605a.
527. Kleine Landschaft. qu. 8. E. 606.
528. 2 Bl. zu Wieland's Idris. 4. E. 607. 8. Zerschnitten.
529. 12 Bl. Gute menschliche Eigenschaften. 12. E. 609. II. Unzerschnitten in 2 Stücken.
530. Titelvignette zu Hermes literarische Martyrer. qu. 8. E. 610.
531. 12 Bl. zu Blumauer's Aeneide. 8. E. 161. II. Unzerschnitten auf 2 Bogen.
532. Titelvignette zu einer kleinen poetischen Blumenlese. Rund qu. 8. E. 612. I. von der grösseren Platte. Selten. Oben und unten beschnitten.
533. 12 Bl. zu den Originalanekdoten Peters des Grossen. 8. E. 613. II. Zerschnitten in 4 Stücke.
534. 12 Bl. Darstellungen aus der neuen Geschichte. 8. E. 614. II. Unzerschnitten auf 2 Bogen.
535. 6 Bl. zur Preussisch-Brandenburgischen Staatengeschichte. 8. E. 6'5. Unzerschnitten auf 2 Bogen.
536. Titelvignette zu Klopstock's Messias. Rund qu. 8. E. 616.
537. Titelvignette zu Woltersdorf's Predigten. Rund qu. 8. E. 617.
538. Fr. Reclam. gr. 8. E. 618.
539. Marsch einer Armee. qu. 8. E. 619.
540. Reisende und Bettler. qu. 8. E. 620.
541. Belgische Auswanderung. qu. 8. E. 621.
542. 2. Kupfer zu Weber's Sagen der Vorzeit. 8. E. 622. II.
543. 2 Bl. Titelvignetten zu Busch's Erfahrungen. 8. E. 623. 24. Doppelt vor und mit dem Titel.
544. 8. Bl. zum Wandsbecker Boten. qu. 8. E. 625. 1. vor der Unterschrift. Selten.

545. Titelvignette zu Bahrdt's Geschichte und Tagebuch. qu. 8. E. 626.
546. Titelvignette zu Lenz Geschichte der Weiber. Rund 8. E. 627.
547. Vignette zu Bunsen's Siegfr. v. Lindenberg. Rund 8. E. 628. I. vor dem eingestochenen Titel. Sehr Selten. Oben und unten an der Platte viel beschnitten.
548. Dasselbe. II. mit dem Titel. Ebenfalls äusserst selten.
549. Titelvignette zu Klamer-Schmidts neue poetische Briefe. Rund 8. E. 629. Doppelt, vor und mit dem Titel.
550. 12 Bl. zu Chenier's Bartolomäusnacht. 8. E. 630. II. Unzerschnitten auf 2 Bogen.
551. 12 Bl. zu Kotzebue, die Indianer in England. 8. E. 631. II. Ebenso.
552. 12 Bl. zur ältern, mittlern und neuern Geschichte. 8. E. 632. I. mit den radirten Nummern. Unzerschnitten auf 2 Bogen.
553. 12 Bl. Dieselben III. mit den gestochenen Nummern. Zerschnitten und aufgezogen.
554. 4 Bl. zur Preussisch-Brandenburgischen Staatengeschichte. 8. E. 633. Zerschnitten in 2 Theile und etwas matt.
555. 4 Bl. zum Taschenbuch für Aufklärer. 8. E. 634—37. II. An der Platte beschnitten.
556. 2 Bl. derselben 634. 35. I. vor der Schrift.
557. 7. Kupfer zu Mémoires des Réfugiés. gr. 8. E. 638. I. vor der Schrift. Selten.
558. Dasselbe. II. mit der Schrift.
559. 4 Bl. zu Harlekin Patriot und die brutalen Klatscher. 8. E. 639—41. 42. Zerschnitten.
560. Titelkupfer zu Schulz's William. 8. E. 643.
561. Titelkupfer zu Hoffmann's Flora germanica. 8. E. 644.
562. Titelvignette zur merkwürdigen Weissagung. qu. 8. E. 645. Doppelt, vor und mit dem Titel.
563. 3. Kupfer zu Weber's Sagen. qu. 8. E. 646.
564. Die Zwerggruppe. 8. E. 647. I. vor dem Schnurrbart. Selten.
565. 2 Bl. Ausmarsch der preussischen und der türkischen Armee. qu. 8. E. 648—49.
566. Ein Scharmützel. qu. 8. E. 650.
567. Die auf Rosen schlummernde Unschuld. qu. 8. E. 651.
568. 2 Bl. Die Flucht der heil. Familie und die Ruhe auf der Flucht. qu. 8. E. 652. 53.
569. 9. Bl. zum Wandsbecker Boten. qu. 8. E. 654.

570. 2 Bl. zu Mühlenpfordt's Scenen aus den Ritterzeiten. 8. E. 655. 56. I. vor der Pagina.
571. 2 Bl. Titelkupfer und Vignette zu Langbein's Schwänke. 8. E. 657. 58. Die Vignette doppelt vor und mit dem Titel.
572. Sophie Schwarz. 8. E. 659.
573. David die Harfe spielend. 8. E. 660. I. vor aller Schrift. Selten.
574. Dasselbe. II. mit der Schrift.
575. 6 Bl. Sechs grosse Begebenheiten des vorletzten Decenniums. 8. E. 661. III. Unzerschnitten in 2 Stücken.
576. 12 Bl. Der Todtentanz. 8. E. 662. II. Zerschnitten in 6 Stücke.
577. 12 Bl. zur ältern, mittlern und neuern Geschichte. 8. E. 663. II. Unzerschnitten auf 2 Bogen.
578. 1.—5. Bl. zu Ziegenhagen's Verhältnisslehre. qu. fol. 8. E. 664—68.
579. Titelkupfer und Vignette zu Hippel's Ehe. 8. E. 669. 70. II. mit dem eingestochenen Titel.
580. 4. Bl. zu Weber's Sagen. 8. E. 671.
581. 6.—9. Bl. zu Ziegenhagen's Verhältnisslehre. qu. 8. E. 672—75.
582. Titelkupfer und Vignette zu Diderot's Jacob und sein Herr. 8. E. 676. 77. I. vor dem eingestochenen Titel und unzerschnitten. Selten. Die Vignette doppelt, auch mit dem Titel.
583. Titelkupfer zur Aehrenlese. 8. E. 678.
584. Titelvignette zu Walther's Vorübungen. Rund qu. 8. E. 679. Doppelt, vor und mit dem Titel.
585. 12 Bl. zu Fabeln von Gellert, Gleim u. A. 12. E. 680. Unzerschnitten auf 2 Bogen.
586. Titelkupfer und Vignette zu Langbein's Schwänke. 8. E. 681. 82. II. vor Zulegung des gestochenen Titels mit Papier.
587. 2 Bl. Titelvignetten zu Vargas' Novellen. Rund 8. E. 683. 84. I. vor dem eingestochenen Titel. Unzerschnitten.
588. Dieselben. II. mit dem Titel. Unzerschnitten.
589. Titelvignette zu Huber's vermischte Schriften. Rund 8. E. 685. I. von der grösseren Platte.
590. Dasselbe. Von der oben abgeschnittenen, nun kleineren Platte. Fehlt E. Mit dem Titel des Buches und matt.
591. 6 Bl. Begebenheiten aus der neuern Zeitgeschichte. 8. E. 686. Sehr seltene zweite Aetzdrücke. Zerschnitten.
592. 6 Bl. Dieselben. II. Unzerschnitten in 2 Stücken.

593. 12 Bl. zu der Brandenburgischen Geschichte. 8. E. 687. IIIb. mit zwei Einfällen. Unzerschnitten auf 1 Bogen. Von grösster Seltenheit.
594. 12 Bl. Dieselben. IV. Unzerschnitten auf 2 Bogen.
595. 12 Bl. aus der mittleren und neueren Geschichte. 8. E. 688. Ib mit Einfällen. Unzerschnitten auf 1 Bogen.
596. 12 Bl. Dieselben II. Unzerschnitten auf 2 Bogen. Matt.
597. 12 Bl. 6 Bl. zur neuern Geschichte und 6 Bl. zu Blumauer's Aeneide. 8. E. 689. IIIa. mit Einfällen. Unzerschnitten auf 1 Bogen.
598. 12 Bl. Dieselben II2. ohne Einfälle. Unzerschnitten auf 2 Bogen.
599. Saturn hebt den Vorhang weg. 8. E. 690. I. mit dem Teufel.
600. Dasselbe II. ohne den Teufel.
601. Titelvignette zu Demme's Pächter Martin. 8. E. 691.
602. 2 Kupfer zum historisch-genealog. Almanach 1793. 8. E. 692. 93. II.
603. Titelkupfer zu Jean Paul's unsichtbarer Loge. 8. E. 694. I. mit Einfällen.
604. Dasselbe. II. ohne Einfälle.
605. Bibliothekzeichen des Dr. Schinz in Zürich. 8. E. 695. Ib. mit drei Fledermäusen.
606. Dasselbe. II. ohne die Fledermäuse, vor der Unterschrift.
607. Dasselbe. IIIa. mit der Schrift und der Eule.
608. Das Gehirn eines Künstlers. qu. 8. E. 696. Ib. mit den Genien.
609. Dasselbe. II. ohne die Genien.
610. Titelkupfer zu Wiesiger's Gedichten. 8. E. 697. Ia2. mit mehreren Einfällen.
611. Dasselbe. Ib. mit nur einem Einfall.
612. Dasselbe. II. ohne Einfälle.
613. 8 Bl. Der Lebenslauf. qu. 8. E. 698.
614. 1. und 2. Bl. zu Storch's Gemälde von St. Petersburg. 8. E. 699. 700. Ia. mit Einfällen und vor dem eingestochenen Titel.
615. Dasselbe. II. mit dem Titel.
616. 3. Bl. zu denselben. Erste Platte. E. 701. Ia. mit erstem Einfall.
617. Dasselbe. 1b. mit zweitem Einfall.
618. 4. Bl. zu denselben. Zweite Platte. E. 702. Ia. mit mehreren Einfällen.

619. Dasselbe. Ib. mit einem Einfall.
620. Dasselbe. II. ohne Einfälle.
621. 12 Bl. zu der ältern, mittleren und neueren Geschichte. 8. E. 703. I. mit Einfällen. Unzerschn. auf 1 Bog.
622. 12 Bl. Dieselben. II. ohne Einfälle. Unzerschnitten auf 2 Bogen.
623. 6 Vignetten zu Weber's Gramsalbus. qu. 8. E. 704—9. I. mit der gravirten Einfassung.
624. Titelkupfer zu Mühlenpfordt's Scenen. 8. E. 710. I. mit Einfällen.
625. Dasselbe. II. ohne Einfälle.
626. 12 Bl. zu Fabeln und Erzählungen von Gellert u. A. 8. E. 711. Ia. mit Einfällen. Unzerschn. auf 1 Bog.
627. 12 Bl. Dieselben. Ib. mit nur zwei Einfällen. Ebenso. Aeusserst selten.
628. 12 Bl. Dieselben. Ic. 1. mit der Druckerpresse, der der Künstler das Gesicht zuwendet. Unzerschnitten auf 2 Bogen. Sehr selten.
629. 12 Bl. Dieselben. Ohne Einfälle.
630. 12 Bl. zu der Brandenburgischen Geschichte. 8. E. 712. Ib. vor der der Schrift und mit Einfällen. Unzerschnitten auf 1 Bogen. Wenig wasserfleckig.
631. 12 Bl. Dieselben. IIc. ohne Einfälle. Unzerschnitten auf 2 Bogen.
632. 6 Bl. Aufrichtigkeit und Heuchelei. 8. E. 713. II. mit Einfällen. Ebenso.
633. 6 Bl. Dieselben. IV. In 2 Theile zerschnitten.
634. 6 Bl. zu den Anekdoten Friedrich II. 8. E. 714. II. mit der Schrift u. den Einfällen. Unzerschn. auf 2 Bog.
635. 6 Bl. Dieselben. IIb. ohne Einfälle. Ebenso.
635a. 12 Bl. aus der Geschichte des Mittelalters. 8. E. 715. IIa. Mit Einfällen. Ebenso.
635b. 12 Bl. Dieselben. IIb. Ohne Einfälle. Ebenso.
636. O. C. Schöne. E. H. Abel p. 8. E. 716. Sehr seltener Aetzdruck.
637. Dasselbe. II. mit dem falschen Todesjahr.
638. 5. und 6. Bl. zu Storch's Gemälde von St. Petersburg. 8. E. 717. 18. I. mit Einfällen. Unzerschnitten.
639. Dieselben. II. ohne Einfälle. Ebenso.
640. Dieselben. III. mit dem eingestochenen Titel. Ebenso.
641. 7. Bl. zu denselben, das Petersburger Schaukelfest. qu. 4. E. 719. I. mit Einfällen.
642. Dasselbe. II. ohne Einfälle.
643. Titelvignette zu Matthison's Gedichten. 8. E. 720. Ia. mit zwei Einfällen.

644. Dasselbe. Ib. ohne Einfälle.
645. Dasselbe. II. mit dem eingestochenen Titel.
646. Der grosse Roland. 8. E. 721. I. von der grösseren Platte mit drei Einfällen.
647. Dasselbe. IIa. ohne Einfälle, vor der Unterschrift.
648. 2 Bl. Der junge Mann mit der Silhouette. qu. 8. E. 722. 722 a.
649. Freiheit und Gleichheit. 8. E. 723. II.
650. Pethion, Marat und das Fischweib. qu. 8. E. 724.
651. Drei Cavalcaden. 12. Schm. qu. 8. E. 725.
652. 12. Bl. zu Hölty's Elegie auf ein Landmädchen. 8. E. 726. II. Unzerschnitten in 2 Stücken.
653. 6 Bl. zum Theseus von Becker. 8. E. 727—32. IIa. mit mehren Einfällen. Unzerschnitten.
654. 6 Bl. Dieselben. IIb. mit nur einem Einfall. Unzerschnitten.
655. 6 Bl. Dieselben. III. Die ,Platten zerschnitten.
656. 2 Bl. von den vorigen. 731. 32. I. vor der Unterschrift.
657. Titelvignette zu Halem's Geschichte von Oldenburg. gr. 8. E. 733. Ia. vor dem Titel und mit Einfällen.
658. Dasselbe. II. mit dem Titel.
659. Die Enthusiasten. 8. E. 734. I. mit dem leeren Oberraum.
660. Dasselbe. II. mit den drei Grazien daselbst.
661. 6 Bl. zur neuern französ. Geschichte. 8. E. 735. IIa. mit den Einfällen und unzersehnitten.
662. 6 Bl. Dieselben. IIb. ohne Einfälle, in 2 Theile zerschnitten.
663. Titelvignette zu Kinderling's deutsche Sprache. qu. 8. E. 736. I. mit Einfällen.
664. Dasselbe. II. vor der Aufätzung.
665. Titelkupfer zu Weber's Sagen der Vorzeit. 8. E. 737.
666. 2 Bl. zu Becker's Taschenbuch. 1795. 8. E. 738. 39. Ia. mit mehreren Einfällen. Unzerschnitten.
667. 2 Bl. Dieselben. Ib. mit 2 Einfällen. Unzerschnitten.
668. 2 Bl. Dieselben. II. ohne Einfälle. Unzerschnitten.
669. Titelkupfer zur Leipziger Monatsschrift. 8. E. 740. I. mit Einfall.
670. Dasselbe. II. ohne Einfall.
671. 8. Kupfer zu den Mémoires des Réfugiés. gr. 8. E. 741. II. von der grössern Platte und mit den beiden Portraits unten. Selten.
672. Dasselbe. Ebenso, aber die Portraits mit einem Papierstreifen zugelegt.

673. Dasselbe. III. mit der Schrift und von der kleinern Platte.
674. Die Portraits von Graff und Becker. A. Graff del. qu. 8. E. 472. IIb. Selten.
675. 2 Bl. zu Becker's Taschenbuch 1795. 8. E. 743. 44. IIa. mit Einfällen. Unzerschnitten.
676. 2 Bl. Dieselben. IIb. ohne Einfälle. Unzerschnitten.
677. 3 Bl. zu Ehrenberg's Taschenbuch. 8. E. 745—47. Aeusserst seltene Probedrücke vor Arbeiten, vor aller Schrift und vor den Einfällen.. Unzerschnitten.
678. 3 Bl. Dieselben. II1a. mit Einfällen und vor der Pagina. Sehr selten. Unzerschnitten.
679. 3 Bl. Dieselben. II1b. mit nur 1 Einfall. Ebenfalls sehr selten. Unzerschnitten.
680. Convention von Kloster Seewen. gr. 8. E. 748. Sehr seltener Aetzdruck.
681. Dasselbe. II. vor aller Schrift und mit dem Einfall im Medaillon. Selten.
682. Dasselbe. III. mit der Schrift.
683. 5 Bl. Berlinische Folgsamkeit. qu. 8. E. 749. II.
684. Bataille du 18. Aout 1784. kl. qu. fol. E. 750. I. vor der Figurengruppe.
685. Dasselbe. II. mit dieser Gruppe.
686. Titelkupfer zu Mereau's Blütenalter der Empfindung. 8. E. 751. II. vor aller Schrift und mit dem Einfall rechts. Unzerschnitten. Sehr selten.
687. Dasselbe. Nur die linke Hälfte der Platte. IIIa. vor der Pagina und mit 1 Einfall.
688. Dasselbe. IV. mit der Schrift. Unzerschnitten.
689. Titelkupfer und Vignette zur Klara du Plessis. 8. E. 752. 53. I1a. vor dem Titel und mit mehreren Einfällen. Unzerschnitten.
690. Dasselbe. I1b. mit nur 1 Einfall, vor dem Titel. Unzerschnitten. Sehr selten.
691. Dasselbe. I2. vor dem Titel, aber ohne Einfall. Unzerschnitten.
692. Der kleine reitende Herr mit der Dame. qu. 8. E. 754. I. die verätzte Platte.
693. Dasselbe. II.
694. Die angenehme Unterhaltung. qu. 8. E. 755.
695. Titelkupfer zu Becker's Beatrice Cenci. 8. E. 756. I. mit Einfällen.
696. Dasselbe. ohne Einfälle.
697. Titelvignette zu Honig's Grigri. Rund 8. E. 757. Ia. vor dem Titel, mit Einfällen.

698. Dasselbe. Ib. vor dem Titel, ohne Einfälle.
699. Dasselbe. II. mit dem Titel.
700. Titelvignette zu Schulz's Reise. qu. 8. E. 758.
701. 2 Bl. verschiedene Figuren. qu. 8. E. 759. IIa und b.
702. 12 Bl. Fragment einer Heiratsgeschichte. 8. E. 760. IIa. mit Einfällen. Unzerschnitten.
703. 12 Bl. Dieselben. IIb. ohne Einfälle. Unzerschnitten in 2 Bogen.
704. 8 Bl. zu Becker's Taschenbuch 1796. 8. E. 761—68. IIa. mit Einfällen. Unzerschnitten.
705. 8 Bl. Dieselben. IIb. ohne Einfälle. Unzerschnitten.
706. Die gute Mutter. 8. E. 769.
707. Titelkupfer und Vignette zur Feier der Liebe. 8. E. 770. 71. Ia. vor dem Titel, mit Einfällen. Unzerschnitten. Selten.
708. Dasselbe. Ib. vor dem Titel, ohne Einfälle. Unzerschnitten.
709. Dasselbe. II. mit dem Titel, doch vor der Verwandlung des Ovals in ein Viereck. Unzerschnitten.
710. Titelvignette zu dem Martirer der Wahrheit. 8. E. 772. Ia. vor dem Titel, mit 1 Einfall. Selten.
711. Dasselbe. Ib. vor dem Titel, mit 2 Einfällen.
712. Dasselbe. II. mit dem Titel.
713. Titelvignette zu Ebert's Jahrbuch. Oval 8. E. 773. Ia. vor dem Titel, mit 5 Einfällen. Selten.
714. Dasselbe. Ib. mit 1 Einfall.
715. Dasselbe. II. mit dem Titel.
716. Die Begegnung am Frühlingsmorgen. 12. E. 774.
717. Der Aufschneider. 12. E. 775.
718. Der Spaziergang im Grünen. 12. E. 776.
719. 2 Bl. zu Ehrenberg's Taschenbuch 1796. 8. E. 777. 78. Ia. vor der Schrift, mit mehreren Einfällen. Unzerschnitten.
720. 2 Bl. Dieselben. Ib. vor der Schrift, mit 1 Einfall. Unzerschnitten.
721. 6 Bl. zur Geschichte von Polen. 8. E. 779. II. Unzerschnitten in 2 Stücken.
722. 6 Bl. zur älteren und mittleren Geschichte. 8. E. 780. I. mit Einfällen. Unzerschnitten. Von grosser Seltenheit.
723. 6 Bl. Dieselben. II. ohne Einfälle. Unzerschnitten in 2 Stücken.
724. Die Vertheilung der Glücksgüter. qu. 8. E. 781.
725. Titelkupfer zu Weber's Sagen der Vorzeit. 8. E. 782. Sehr seltener Aetzdruck, vor der Luft auf der untern Darstellung.

726. Dasselbe. IIa. mit 1 Einfall.
727. Dasselbe. II. ohne diesen Einfall, jedoch noch vor der Pagina. Fehlt E.
728. Titelvignette zu Kinderling's deutscher Sprache. qu. 8. E. 783. I. mit Einfällen.
729. Dasselbe. II. ohne Einfälle.
730. Geheimrath Höpfner. Rund 8. E. 784. Ib. mit Einfällen.
731. Dasselbe. II. ohne Einfälle.
732. Die Emigrirten. qu. 8. E. 785.
733. Kleine Landschaft. Schm. qu. 8. E, 786. II.
734. 2 Bl. zu Lang's Almanach 1796. 8. E. 787. 88. Ia. mit mehreren Einfällen. Unzerschnitten.
735. 2 Bl. Dieselben. Ib. mit nur 1 Einfall. Unzerschnitten.
736. 2 Bl. Dieselben. II. mit der Schrift und die Platte zerschnitten.
737. 4 Bl. zu Lang's Almanach 1797. 8. E. 789—92. Ia. mit 2 Einfällen.
738. 4 Bl. Dieselben. Ib und c. 2 Bl. mit 1 Einfall, 2 Bl. ohne Einfälle.
739. 4 Bl. Dieselben. II. mit der Schrift und von den kleineren Platten
740. Des Künstler's Reise nach Dresden. qu. fol. E. 793.
741. 1.—3. Bl. zur deutschen Monatsschrift. kl. fol. E. 794—96. Ia. mit 2 Einfällen. Sehr selten.
742. 3 Bl. Dieselben. Ib. mit 1 Einfall. Sehr selten.
743. 3 Bl. Dieselben. II. ohne Einfälle.
744. 24 Bl. zu Richardson's Clarissa. 8. E. 797—820. Ia. mit mehreren Einfällen. Unzerschnitten. Selten.
745. 24 Bl. Dieselben. Ib. mit weniger Einfällen. Unzerschnitten. Nr. 817. 18. II. mit der römischen Zahl oben.
746. 20 Bl. von denselben. II. mit dieser Zahl. Einige zerschnitten.
747. 4 Bl. von denselben. E. 815—18. Sehr seltene Aetzdrücke. Unzerschnitten.
748. 4 Bl. zum militairischen Kalender 1791. 8. E. 821—22. II. vor der Aufätzung. Nr. 821a u. 822a. I. vor der Unterschrift. Unzerschnitten in 2 Stücken.
749. 6 Bl. zur Geschichte von Polen. 8. E. 823. Ia. mit Einfällen und vor der Schrift. Aeusserst selten. Unzerschitten in 2 Theilen.
750. 6 Bl. Dieselben. II. mit der Schrift. Unzerschnitten in 2 Theilen.

751. 6 Bl. Dieselben. Sehr seltene Aetzdrücke. Unzerschn.
752. 8 Bl. zu Becker's Taschenbuch 1797. 8. E. 824—31. I. vor der Schrift und mit mehreren Einfällen. Unzerschnitten.
753. 8 Bl. Dieselben. IIa mit der Schrift und 1 Einfall. Unzerschnitten.
754. 8 Bl. Dieselben. IIb. ohne Einfälle. Ebenso.
755. Die Königlich preussische Familie. kl. fol. E. 832. Ia. vor der Baumgruppe unten. Sehr selten.
756. Dasselbe. Ib. mit dieser Gruppe. Sehr selten.
757. Dasselbe. III. mit der Schrift.
758. Titelkupfer zu Gräter's Bragur. 8. E. 833. Ia. vor der Schrift und mit 2 Einfällen.
759. Dasselbe. II. mit der Schrift.
760. Dasselbe. Unvollendeter Probedruck. Sehr selten. Bis zur Einfassungslinie beschnitten.
761. Die Flucht der Offenbacher nach Hanau. 8. E. 834. Sehr seltener Aetzdruck.
762. Dasselbe. Ib. von der grossen Platte und mit den 6 Einfällen. Ebenfalls sehr selten.
763. Dasselbe. IIa. vor der Schrift und mit 1 Einfall. Von grosser Seltenheit.
764. Dasselbe. III. mit der Schrift.
765. 6 Bl. Die Einfälle des vorigen Blattes. 12. E. 834a.
766. 4. Bl. zur deutschen Monatsschrift. kl. fol. E. 835. Aetzdruck. Aeusserst selten.
767. Dasselbe. Vollendet.
768. 5. Bl. zu derselben Schrift. kl. fol. E. 836. Ia. mit 1 Einfall. Sehr selten.
769. Dasselbe. II. ohne Einfälle.
770. 6. Bl. zu derselben Zeitschrift. kl. fol. E. 837. Ia. von der verätzten Platte mit 2 Einfällen. Sehr selten.
771. Dasselbe. Ib. mit 1 Einfall. Ebenfalls selten.
772. Dasselbe. Ebenfalls I. Druck, allein vom Künstler bereits in jenen Stellen, welche wieder neu geätzt werden sollten, mit dem Polirstahl übergangen und halb abgeschliffen. Aeusserst selten, vielleicht einzig.
773. Dasselbe. II. von der neu geätzten Platte. Beschnitten.
774. 8 Bl. zu Becker's Almanach 1798. 8. E. 838—45. I. vor aller Schrift und mit Einfällen. Unzerschnitten.
775. 8 Bl. Dieselben. IIa. u. II. mit der Schrift und mit 1 Einfall und 2 Bl. ohne Einfälle. Unzerschnitten.

776. 8 Bl. zur Geschichte Katharina's II. 8. E. 846. I. vor aller Schrift und mit Einfällen. Unzerschnitten. Selten.
777. 8 Bl. Dieselben. IIa. mit der Schrift und 1 Einfall. Unzerschnitten in 2 Stücken. Selten.
778. 8 Bl. Dieselben. IIb. ohne Einfälle. Zerschnitten und aufgezogen.
779. 4 Bl. zu Lang's Almanach 1798. 8. E. 847—50. I. vor der Schrift und mit 1 Einfall. 2 Bl. beschnitten.
780. 4 Bl. Dieselben. Ib., c. und II. 2 Bl. beschnitten.
781. 4 Bl. Dieselben. II. und III. mit der Schrift und ohne Einfall. Beschnitten.
782. 2 Bl. zu Lang's Almanach 1799. 8. E. 851. 52. Ia. vor der Schrift und mit Einfällen.
783. 2 Bl. Dieselben. Ib. mit nur 1 Einfall. Beschnitten.
784. 2 Bl. Dieselben. II. mit der Schrift. Beschnitten.
785. Titelvignette und Kupfer zu Julchen Grünthal. 8. E. 853. 54. Ia. mit Einfällen. Unzerschnitten.
786. Dasselbe. Ib. ohne Einfälle. Unzerschnitten.
787. Dasselbe. II. mit dem Titel. Unzerschnitten.
788. Titelvignette und Kupfer zu Julchen von Grünthal. II. Band. 8. E. 855. 56. Ia. mit mehreren Einfällen. Unzerschnitten, wie die Folgenden.
789. Dasselbe. Ib. mit nur 1 Einfall.
790. Dasselbe. Ic. ohne Einfälle, aber noch vor der Schrift.
791. Dasselbe. II. mit der Schrift.
792. Dreissig physiognomische Köpfe. 4. E. 857. Ia. mit mehreren Einfällen.
793. Dasselbe. Ib. 3. mit 1 Einfall.
794. 2 Bl. zu den Erziehungsvorschlägen der Gräfin Krockow. 8. E. 858. 59. I. mit Einfällen. Unzerschnitten. Aeusserst selten.
795. 2 Bl. Dieselben. II. ohne Einfälle. Unzerschnitten.
796. Titelvignette zu Becker's Darstellungen. Rund gr. 8. E. 860. Ia. vor dem Titel und mit vier Einfällen. Selten.
797. Dasselbe. Ib. ebenso, aber ohne Einfälle.
798. Dassslbe. II. mit dem Titel. Verschnitten.
799. 7.—9. Bl. zur deutschen Monatsschrift. kl. fol. E. 861—63. I. mit Einfällen. Selten.
800. 3 Bl. Dieselben. II. ohne Einfälle.
801. Titelvignette zu Becker's Darstellungen. Rund gr. 8. E. 864. Ia. vor dem Titel und mit 2 Einfällen.

802. Dasselbe. Ib. vor dem Titel, ohne Einfälle.
803. Dasselbe. II. mit dem Titel. Verschnitten.
804. 8 Bl. zu Becker's Almanach für 1799. 8. E. 865—72. I. mit Einfällen. Unzerschnitten.
805. 8 Bl. Dieselben. II. ohne Einfälle. Unzerschnitten.
806. 4 Bl. zu der Familie Hellmuth von Hiemer. 8. E. 873—76. Ia. vor der Unterschrift und mit Einfällen. Unzerschnitten.
807. 4 Bl. Dieselben. Ib. ebenso, aber ohne Einfälle. Unzerschnitten.
808. 2 Bl. von denselben. 873. 74. II. mit der Schrift und zerschnitten.
809. 3 Bl. zu Göthe's Hermann und Dorothea. 8. E. 877. 78a. I. und IIa. mit Einfällen. 2 Bl. unzerschnitten.
810. 4 Bl. Dieselben. IIa und b. ohne Einfälle. 2 Bl. unzerschnitten. Nr. 877 doppelt, auch mit der Schrift.
811. Titelkupfer zu Hoffmann's Flora germanica. 8. E. 879. Ia. mit Einfällen.
812. Dasselbe. Ib. mit nur 1 Einfall.
813. Moses Wessely. A. Tischbein p. 8. E. 880. I. vor den Einfällen.
814. Dasselbe. IIa. mit 1 Einfall.
815. Dasselbe. IIb. mit mehr Einfällen.
816. 1.—8. Bl. zur Geschichte der Bartholomäusnacht. 8. E. 881. I. vor aller Schrift und mit Einfällen. Unzerschnitten auf 2 Bogen. Selten.
817. 8 Bl. Dieselben. IIa. nur mit deutscher Schrift und 2 Einfällen. Unzerschnitten.
818. 8 Bl. Dieselben. III. Unzerschnitten in 2 Bogen.
819. Lippert und Zingg. kl. fol. E. 882. A. von der verätzten Platte.
820. Dasselbe. Zweite Platte. B. I. mit dem reichen, vom Künstler selbst radirten Einfall. Sehr selten.
821. Dasselbe. IIb. mit dem von Zingg radirten Einfall und der Ansicht von Meissen. Ebenfalls sehr selten.
822. Dasselbe. III. ohne Einfälle.
823. Dasselbe. IV. mit dem Einfall von Wilh. Chodowiecki.
824. Heimfahrt einer guten Schweizerseele. 8. E. 883.
825. 3 Bl. Mr. de Vollange. 8. E. 884a. b.
826. Titelkupfer zu den Herbies morceaux par Mad. de Genlis gr. 8. E. 885. Ia. vor aller Schrift und mit Einfällen.
827. Dasselbe. Ib. ohne Einfälle.

828. Dasselbe. II. mit der Schrift.
829. Kleidermoden. qu. 4. E. 886.
830. Titelkupfer zu Ewald's Phantasien. 8. E. 887. Ia. vor der Schrift und mit Einfällen.
831. Dasselbe. II. mit der Schrift.
832. Titelvignette zu V. Weber's Winhal. 8. E. 888. Ia. vor dem Titel und mit Einfällen.
833. Dasselbe. Ib. Ebenso, aber ohne Einfälle.
834. 8 Bl. zu Becker's Almanach 1800. 8. E. 889—96. I. mit Einfällen. Unzerschnitten.
835. 8 Bl. Dieselben. II. ohne Einfälle. Ebenso.
836. 4 Bl. zu Lang's Taschenbuch 1799. 8. E. 897—900. Ia. vor der Schrift und mit Einfällen. Unzerschnitten.
837. 4 Bl. Dieselben. Ib. ebenso, aber ohne Einfälle. Unzerschnitten.
838. 4 Bl. Dieselben. II. mit der Schrift und die Platte zerschnitten.
839. Titelkupfer zum Taschenbuch der Liebe und Freundschaft 1800. 8. E. 901. Ia. mit dem grossen Einfall rechts. Selten. Unzerschnitten.
840. Dasselbe. Ib. ohne diesen Einfall. Unzerschnitten.
841. Dasselbe. II. mit dem Namen u. Titel. Unzerschnitten.
842. 10.—12. Bl. zur deutschen Monatsschrift. kl. fol. E. 902 —4. I. mit Einfällen. Selten.
843. 3 Bl. Dieselben. II. ohne Einfälle.
844. 1 Bl. von den vorigen. 904. A. Verätzte Platte.
845. 2 Bl. zu Lindemann's Menschenkenntniss. 8. E. 905. 6. Ia. vor der Schrift und mit Einfällen. Unzerschnitten.
846. 3 Bl. Dieselben. Ib. Ebenso, aber ohne Einfälle. Unzerschnitten. 1 Bl. doppelt, auch mit der Schrift.
847. 1.—3. Bl. zu Lafontaine's Herm. Lange. 8. E. 907—9. Ia. vor der Schrift und mit Einfällen. Unzerschnitten.
848. 3 Bl. Dieselben. Ib. ebenso, aber ohne Einfälle. Unzerschnitten.
849. 3 Bl. Dieselben. II. mit der Schrift, die Platte zerschn.
850. 3 Bl. zur Braut von Neuffer. 8. E. 910—12. Ia. vor der Schrift und mit Einfällen. Unzerschnitten. Selten.
851. 3 Bl. Dieselben. Ib. ebenso, aber ohne Einfälle. Unzerschnitten.
852. Titelkupfer zu Hoffmann's Flora germanica 8. E. 913. I. mit Einfällen.

853. Dasselbe. II. ohne Einfälle.
854. 2 Bl. Madame Unzelmann als Nina. 8. E. 914. 15. Ia. vor der Schrift und mit Einfällen.
855. 2 Bl. Dieselben. Ib. ebenso, ohne Einfälle.
856. 2 Bl. Dieselben. II. mit der Schrift.
857. 2 Bl. Die Höflichkeit. Die ländliche Ruhe bei Sonnenuntergang. qu. 8. E. 916. 17.
858. Einfälle auf einer unvollendeten Platte. gr. 8. E. 917a.
859. 9. Kupfer zu den Mémoires des Réfugiés. gr. 8. E. 918. I. vor aller Schrift und mit Einfällen.
860. Dasselbe. IIa mit der Schrift, aber noch mit weisser Stuhllehne.
861. Cléry's Kinder. 4. E. 919. I. mit Einfällen.
862. Dasselbe. II. ohne Einfälle.
863. 6 Bl. zu Wallenstein's Leben. 8. E. 920. I. mit Einfällen. Unzerschnitten in 2 Stücken.
864. 6 Bl. Dieselben. II. ohne Einfälle. Ebenso.
865. 9.—16. Bl. zur Geschichte der Bartholomäusnacht. 8. E. 920a. IIa. mit der deutschen Unterschrift und mit Einfällen. Unzerschnitten. Unten links scharf beschnitten.
866. 8 Bl. Dieselben. Mit denselben Einfällen, doch sind einige bereits wegpolirt, wie der Wolf, der das Schaf verfolgt. Fehlt E. Sehr selten. Unzerschnitten.
867. 8 Bl. Dieselben. IIb. mit nur 1 Einfall. Unzerschnitten in 2 Stücken. Aeusserst selten.
868. 8 Bl. Dieselben. III. mit den doppelten Unterschriften. Unzerschnitten in 2 Stücken.
869. 8 Bl. zu Becker's Taschenbuch 1801. 8. E. 921—28. I. mit Einfällen. Unzerschnitten.
870. 8 Bl. Dieselben. I. ohne Einfälle. Unzerschnitten.
871. 4.—6. Bl. zu Lafontaine's Herm. Lange. 8. E. 929—31. Ia. vor der Schrift und mit Einfällen. Unzerschnitten.
872. 5 Bl. Dieselben. Ib. ebenso, aber ohne Einfälle. Ebenso. 2 Bl. doppelt, auch mit der Schrift.
873. 5 Bl. zu Salzmann's Taschenbuch 1801. 8. E. 932—36. I. mit Einfällen.
874. 5 Bl. Dieselben. II. ohne Einfälle und vor Abänderung der Nummer.
875. 3 Bl. Der Bettelvogt. 8. E. 937a.b.
876. 13.—18. Bl. zur deutschen Monatsschrift. kl. fol. E. 938—43. I. mit Einfällen. Selten.
877. 6 Bl. Dieselben. II. ohne Einfälle.

879. 1.—4. Bl. zu Stein's Charakteristik Friedrich II. 8. E. 944. I. mit Einfällen. Unzerschnitten in 2 Stücken.
880. 4 Bl. Dieselben. II. ohne Einfälle. Ebenso.
881. 12 Bl. zur Geschichte der ersten Kreuzzüge. 8. E. 945. IIa. mit Einfällen. Ebenso.
882. 12 Bl. Dieselben. IIb. ohne Einfälle. Ebenso.
883. Die Neujahrskartenverkäuferin. qu. 4. E. 946. I. mit Einfällen. Sehr selten.
884. Dasselbe. II. ohne Einfälle. Selten.
885. 5.—8. Bl. zu Stein's Charakteristik Friedrich II. 8. E. 947. I. mit Einfällen. Unzerschnitten in 2 Stücken.
886. 2 Bl. Dieselben. II. ohne Einfälle. Ebenso.
887. Ziethen an der Tafel Friedrich's II. schlafend. gr. qu. fol. E. 948. Hauptblatt in vorzügl. Abdruck.
888. Verschiedene Einfälle. qu. 8. E. 949. Seltener alter Druck auf grobkörnigem Papier.
889. Modekleidungen aus der Mitte und dem Ende des 18. Jahrh. qu. 8. E. 950. Von grosser Seltenheit.
890. 2 Bl. Die Furie der Zwietracht, und Germania mit den Kurfürsten des Reiches. Rund 8. Zweifelhafte Blätter. E. pag. 512 a. b.

## Kupferstiche.

### P. Allais.
891. Badendes Mädchen. A. Riedel p. Mezzotinto. gr. fol. Hübsches Blatt. Im Papierrand etwas stockfleckig.

### J. M. Ardell.
892. Garn wickelnde Dame. F. Cotes p. Schwarzkunst. fol. Schöner Druck.

### C. Arndt.
893. Danae. A. van Dyck p. Punktirt. gr. qu. fol. Schöner Druck in Braun.

### F. Aubertin.
894. 2 Bl. Der Morgen. Der Abend. H. Roos p. C. W. E. Dietrich p. Aquatinta. gr. qu. fol.

### G. Audran.
895. Ulisses entdeckt Achilles. A. Carracci inv. gr. fol. R.-D. 51. Schöner Abdruck. Ohne Plattenrand.

### J. J. Avril.
896. Catherine II. voyageant dans ses états 1787. Reiche Allegorie. F. de Meys p. qu. roy. fol. Aufgezogen.

### Meister B. mit dem Würfel.
? 897. Fünf Männer im Kampf mit wilden Thieren, nach G. Romano. qu. fol. B. 79. Guter alter II. Druck mit Salamanca's Adresse. Etwas fleckig.

### F. Bartolozzi.
898. 6 Bl. Folge von Landschaften mit Staffage aus dem Schäferleben. F. Zuccarelli p. qu. fol.
899. 2 Bl. Lord Thomas and fair Annett. — Love and Honour. H. Bunbury del. Punkt. Oval fol. Ohne Rand und an der Seite wasserfleckig.
900. 2 Bl. Sorrows of Werther (nach Göthe). J. H. Ramberg del. Punkt. Oval kl. fol. Roth gedruckt. Ohne Rand.

### J. F. Bause.
901. Friedrich Herzog v. Holstein-Beck. J. L. Mosnier p. gr. fol. Im Rand stockfleckig.

### J. Beauvarlet.
902. Jugement de Paris. L. Giordano p. gr. qu. fol.

### St. della Bella.
903. 2 Bl. Hirsch- und Eberjagd. Rad. qu. fol. Alter Abdruck.

### C. Bervic.
904. 2 Bl. Education d'Achille. Enlèvement de Déjanire. J. B. Regnault u. G. Reni p. gr. fol. Schlechte neuere Abdrücke auf chines. Pap.

### J. Brown.
905. Adonis carried off by Venus. H. van Swanefelt p. gr. qu. fol. Schöner Druck.
906. Going to Market. P. P. Rubens p. qu. roy. fol. Hauptblatt in schönem Abdruck. Im Plattenrand beschnitten u. ohne Beschädigungen aufgezogen, sowie ganz sauber.

### P. C. Canot.
907. View of the royal Dock Yard at Chatham. R. Paton u. J. Mortimer p. gr. qu. fol. Schöner Druck eines Hauptblattes. In Folge von Einrahmung etwas gebräunt.

### P. Caronni.
908. 4 Bl. Die Geschichte der Europa nach A. Appiani. roy. fol. Vorzügliche und seltene Épreuves d'Artiste einer Hauptfolge vor aller Schrift. 2 Bl. nur mit dem Monogramm des Stechers. 1 Blatt chines. Papier.

**L. Cars und J. Beauvarlet.**
909. Hippolyte de la Tude Clairon, aus der Medea. C. Vanloo p. roy. fol. Guter Druck. Ohne Plattrand.

**J. Cook und S. Smith.**
910. Vorliegender Hühnerhund in einer Landschaft. J. Milton p. qu. fol. Die Schrift abgeschnitten.

**J. Daullé.**
911. Die Fischer. J. Vernet p. gr. qu. fol. Vor aller Schrift, nur mit dem Monogramm. Sehr selten.

**A. Desnoyers.**
912. Eliezer et Rebecca. N. Poussin p. qu. roy. fol. Guter Abdruck dieses schönen Blattes mit dem Stempel AD. In Folge von Einrahmung stockfleckig.

**G. Doo.**
913. The fair Forester. (Junges Mädchen mit Hündchen.) H. Wyatt p. gr. fol. Schöner Druck.

**H. Dröhmer.**
914. Esther vor Ahasverus. J. Schrader p. Mezzotinto. qu. roy. fol. Guter Abdruck.

**G. Duchange.**
915. Jupiter und Juno auf dem Berg Ida. Junon pour ranimer l'ardeur etc. A. Coypel p. qu. fol. Ohne Plattenrand.

**A. van Dyck.**
916. Jupiter und Antiope. J. A. Mayr lith. gr. fol.

**J. Eberhardt.**
917. Lieutenant-Admiral de Ruyter's Sieg über die verbündete engl. und französ. Flotte 1673. Originallithogr. auf chines. Papier. König Ludwigs-Album. qu. fol.

**R. Earlom.**
918. Bathseba bringing Abisag to David. A. van der Werff p. Schwarzkunst, wie die Folgenden. roy. fol. Hauptblatt in gutem Abdruck.
919. Apollo and the Nymphs. R. Wilson p. gr. qu. fol. Guter Druck.
920. Meleager and Atalante. Idem p. Gegenstück. gr. qu. fol.
921. Angelica and Medoro. B. West p. gr. fol. Schöner Druck. Wenig stockfleckig.

**H. Eichens.**
922. Der Improvisator. Maes p. Mezzotinto. gr. fol. Schöner Abdruck aus dem 7. Hundert. Im breiten Papierrand einige schwache Stockflecken.

**P. Filloeul.**
923. La conversation intéressante. J. B. Paterre p. gr. fol. Ma-

lerisches Blatt in schönem Druck. Die Künstlernamen eingeschrieben.

### A. Flint.
924. Kain og Abel. L. Giordano p. gr. fol. Selten. Ohne Plattenrand u. wasserfleckig.

### G. Folo.
925. Diana destata dalle Ninfe. B. Nocchi p. qu. roy. fol. Ein Hauptblatt in schönem Druck mit nur einer Zeile Schrift.

### P. Fontana.
926. Sepolcro dell' Ammiraglio Nelson. Nach A. Canova. roy. fol. Schönes Blatt, der Titel in Nadelschrift. Unbedeutend stockfleckig.

### G. Garavaglia.
927. Die Zusammenkunft des Jacob und der Rahel. A. Appiani p. roy. fol. Hauptblatt in schönem Druck, mit dem Stempel des Stechers.

### F. Gauermann.
928. Hirsche im Sommer. Schöne Lithographie in Tondruck. gr. qu. fol. Andr. 26. Chines. Papier.

### F. Geissler.
929. Die Ziegenmelkerin. Landschaft. N. Berghem p. Musée Napoléon. fol. Schöner vollendeter Probeabdruck vor der Schrift, nur mit den gerissenen Künstlernamen.
930. Die Heimkehr der Heerde. Idem p. qu. fol. Ebenso.

### C. Geyer.
931. Poesie und Geschichte. G. Jäger del. König-Ludwigs-Album. fol.

### A. Girardet.
932. Der Raub der Sabinerinnen. N. Poussin p. Musée Napoléon. Schöner vollendeter Probedruck vor der Schrift, nur mit den gerissenen Künstlernamen.

### J. Goupy.
933. Diana mit ihren Nymphen auf der Hirschjagd. P. P. Rubens p. Rad. qu. fol. Guter Druck. Ohne Rand.

### V. Green.
934. Cupid stung by a bee, is cherished by his Mother. B. West p. Schwarzk. Oval gr. fol. Schöner Abdruck mit Nadelschrift.

### E. Hondekoeter.
935. Gruppe von Hühnern. L. Ekemann-Allesson lith. Tondruck. gr. qu. fol.

## F. Horschelt.
936. Hirschjagd im Hochgebirg. J. Wölffle lith. König-Ludwigs-Album. Tondruck. gr. fol. Chines. Papier.

## J. Hübner.
937. Gefallene Germania. Rad. in Ton- u. Golddruck. König-Ludwigs-Album. qu. fol.

## J. Jacobé.
938. Ariadne auf Naxos. H. Füger p. Schwarzk., wie die Folgenden. gr. qu. fol. Schöner Abdruck vor aller Schrift.
939. Der Prinz von Nassau-Siegen auf der afrikanischen Küste von einem Tiger angefallen. F. Casanova p. qu. roy. fol. Hauptblatt in trefflichem Abdruck vor der Schrift, nur mit den Künstlernamen. Sehr selten.
940. Die grosse Hirschjagd bei Mondschein. Idem p. qu. roy. fol. Hauptblatt in vorzüglichem Abdruck vor aller Schrift.

## E. Jeaurat.
941. Salomo opfert den Abgöttern. Rex Salomon adamavit mulieres etc. N. Vleughels p. 1723. gr, qu. fol. Schöner alter Druck.
942. Thetis tauft Achilles im Styx. Thetis informé par Themis etc. Idem p. 1719. qu. fol. Ebenso.

## A. de Jode.
943. Der kleine Jesus liebkost Johannes. Quam pulchri super montes etc. A. van Dyck p. fol. Vorzüglicher Abdruck. Ohne Rand u. ohne Verletzung aufgezogen.

## C. Jouanin.
944. Der Harfner und Mignon. M. Oppenheim p. Mezzotinto. roy. fol. Guter Abdruck.

## F. Knolle.
945. Die Söhne Eduard's IV. T. Hildebrandt p. gr. qu. fol. Guter Druck mit der Nummer 377. Wenig stockfleckig u. mit nicht viel Plattenrand.

## F. Landerer.
946. Sisara tué par Jahel. M. Schmid p. gr. qu. fol. Aufgezogen.

## P. Laurent.
947. Ruhende Heerde auf felsigem Seeufer. P. J. Loutherbourg p. gr. fol. Schöner Druck. Ohne Plattenrand u. in den Schriftecken eingerissen.

## L. Lempereur.
948. Le festin espagnol. Palamedes p. gr. qu. fol. Ein Hauptblatt des Stechers in gutem Druck. Unten ohne Plattenrand.

## J. M. Leroux.
949. Johanna von Arragonien, Vice-Königin von Sicilien. Raphael p. fol. Grau u. ohne Plattenrand.

## C. G. Lewis.
950. Picking out the lambs. R. Ansdell p. 1864. qu. roy. fol. Modernes Hauptblatt in vorzüglichem Abdruck auf chines. Papier.
951. Sheep shearing. Idem p. 1864. qu. roy. fol. Gegenstück zum Vorigen und ebenso.

## J. Morris.
952. 2 Bl. Fox-hunting. — Hawking. Gilpin and Barrett p. Die Figuren von F. Bartolozzi gest. 1780. gr. qu. fol. Schöne Abdrücke.

## G. Mullins.
953. A spaniel Dog, in einer Landschaft. Nach eigenem Bild. Schwarzk. 1772. qu. fol. Schöner Druck und selten.

## Const. Netscher.
954. Der Hirt und die Schäferin. J. Wölffle lith. gr. fol.

## H. Nüsser.
955. Das glückliche Alter. R. Jordan p. Düsseldorfer Kunstvereinsblatt. qu. fol.

## J. J. Pasquier.
956. La mort d'Adonis. G. Briard p. gr. fol. Aufgezogen u. im Schriftrand das Wappen verschnitten.

## J. Pichler.
957. Andromeda und Perseus. C. d'Arpino p. Schwarzk. gr. fol. Schöner Abdruck.

## F. de Poilly.
958. Virgini Matri. Halbfigur der betenden heil. Jungfrau, nach Raphael. fol. Schöner alter Druck.

## C. Rahl.
959. Die Schlacht bei Aspern. P. Krafft p. gr. qu. fol. Etwas stockfleckig.

## F. Rainaldi.
959a. Diana und Actäon. Viderat Actaeon nudam etc. F. Albani p. gr. qu. fol. Hauptblatt in gutem Druck.

## N. Rhein.
960. Der von Hunden angefallene Hirsch. C. Ruthardt p. Schwarzkunst. qu. imp. fol.

## S. W. Reynolds.
961. The Army and Navy. Wellington und Nelson. Ganze Figuren im Zimmer. J. P. Knight p. Mezzotinto. imp. fol. Grau und im Schriftrand berieben.

## P. P. Rubens.
962. 2 Bl. Die Löwenjagd, und Tiger mit ihren Jungen. Lithographirt von Blau und Kieninger, in Tondruck. gr. qu. fol.

## W. W. Ryland.
963. 2 Bl. Der Tod der Eloisia. — Das Urtheil des Paris. A. Kauffmann p. Punktirt und roth gedruckt. Rund. fol.

## G. F. Schmidt.
964. Minister F. de Görne. fol. Guter alter Druck.

## J. Schraudolph.
964a. Die Findung Mosis. M. Baumann lith. König Ludwig-Album. qu. fol. Chines. Papier.

## P. Soutman.
965. Der Sturz der Verdammten. P. P. Rubens p. gr. fol. Vorzüglicher I. Abdruck mit der Adresse des Stechers.

## R. Strange.
966. Joseph and Potiphar's Wife. G. Reni p. qu. fol. Schöner Abdruck. Ohne Plattenrand.
967. Cäsar verstösst Pompeja. P. da Cortona p. gr. fol. Guter Abdruck. Gebräunt.

## A. Teichel.
968. Fanny und ihre Verehrer. Hundescene. C. Arnold p. Mezzotinto. gr. qu. fol. Grau.

## P. Vitali.
969. 2 Bl. Venus auf dem Ruhebett, von einem Satyr bewundert, und nacktes Mädchen aus Trastevere auf dem Ruhebett. A. Canova p. gr. qu. fol. Mit Nadelschrift.
970. Grabmal des Papstes Clemens XIV., nach Canova. imp. fol. Schöner Druck. Stockfleckig.

## N. J. Voyez.
971. Les regrets. Weibliche Büste. kl. fol.

## F. Wagner.
972. Die Albanerin. N. de Keyser p. fol. Trefflicher Abdruck auf chines. Papier.

## W. Witthöft.
973. Der grosse Kurfürst nach der Schlacht bei Tilsit. Hennig v. Treffenfeld überbringt die Siegestrophäen. H. Kretzschmer p. Mezzotinto. qu. roy. fol.

## W. Woollett.

974. George the third King of Great Britain. A. Ramsay p. fol. Guter Druck. Ohne Beschädigung aufgezogen.
975. View of the royal Dock Yard at Deptford. R. Paton u. J. Mortimer p. gr. qu. fol. Guter Druck. Leicht gebräunt.
976. The Vicar of Wakefield. T. Hearne del. qu. fol. Schöner Druck. Eingerahmt gewesen und mit einigen Wurmstichen.
977. The first Scene of the Maid of the Mill. J. Richards p. qu. fol. Guter Druck, mit Charlotte-Street. Mit wenig Plattenrand.
978. Die Jagd des Meleager. R. Wilson und J. Mortimer p. gr. qu. fol.
979. Le Montagne du Snowdon. R. Wilson p. gr. qu. fol.
980. A view of the palace at Kew from the Lawn. J. Kirby p. qu. fol.
981. 6 Bl. Ansichten verschiedener englischer Lustschlösser. gr. qu. fol. Ohne Plattenrand und etwas gebräunt.
982. 6 Bl. Andere Schlösser und Parkpartien. gr. qu. fol. Ebenso.

## Marco Ziguani.

983. Maddalena Strozzi Doni. Halbfigur. Raphael p. fol. Schöner Druck.

## Convolut.

984. 8 Bl. Diverse Kupferstiche.

---

### Königsberger Kunstvereinsblätter
in gewählten Abdrücken, wie neu.

### G. Eilers.

985. Zigeunerin. W. Sohn p. fol. Vorzügl. Epreuve d'Artiste, nur mit „Gest. v. Gustav Eilers Berlin 1864" bezeichnet.
986. Dasselbe hübsche Blatt in gleichem Abdruck.

### A. Hann.

987. Chor des Kapuzinerklosters auf· der Piazza Barberina, nach Granet. Lith. in Tondruck. gr. fol. Gewählter Abdruck.
988. Dasselbe. Ebenso.

### L. Schöninger und F. Würthle.

989. Bucht von Aulis. C. Rottmann p. Galvanographie. qu. roy. fol.
990. Dasselbe.

### Rob. Trossin.

991. Die Tochter Jephtha's. J. Schrader p. gr. qu. fol. Vorzügl. Epreuve d'Artiste, nur mit der gerissenen Bezeichnung des Stechers rechts unten.
992. Betender Mönch am Sarg Heinrich's IV. C. F. Lessing p. gr. qu. fol. Ebenso.
993. Dasselbe. Ebenso.
994. Die ruhende Heerde. F. Voltz p. gr. qu. fol. Schöner Abdruck vor der Schrift, nur mit den Künstlernamen, auf chines. Papier.
995. Dasselbe. Ebenso.
996. Das Liebhaberconcert. Hiddemann p. gr. qu. fol. Vorzüglicher Abdruck vor der Schrift, nur mit den Künstlernamen.
997. Dasselbe. Ebenso.

### F. Anderloni.

998. Die heil. Familie mit Johannes. N. Poussin p. gr. fol. Ein Hauptblatt des Stechers in trefflichem alten Druck mit der italienischen Unterschrift.

### P. Bettelini.

999. Die Himmelfahrt der Maria. G. Reni p. roy. fol.

### P. Bonato.

1000. La sacra Famiglia. A. Correggio p. gr. fol. Vorzüglicher Abdruck mit offener Schrift.

### L. A. Claessens.

1001. La Femme hydropique. G. Dow p. roy. fol. Hauptblatt.

### A. Desnoyers.

1002. La visitation. Raphael p. gr. fol. Guter Abdruck mit dem Stempel des Stechers. Im Rand leichte braune Spuren einer Einrahmung.
1003. Die Madonna du Palais Tempi. Idem p. fol. Mit dem Stempel.
1004. La Vierge au berceau. Idem p. gr. fol. Schöner Druck mit dem Stempel.
1005. La Vierge au Donataire dite de Foligno. Idem p. roy. fol. Ebenso. Wenig stockfleckig.
1006. St. Catherine d'Alexandrie. Idem p. fol. Mit dem Stempel. Eingerahmt gewesen.
1007. 3 Bl. La Foi, la Charité, l'Espérance. Idem p. qu. fol. 2 Bl. mit dem ersten Stempel der beiden antiken Köpfe, 1 Bl. sehr schön. Eingerahmt gewesen.
1008. Les Muses et les Piérides. Perino del Vaga p. gr. qu. fol. Hauptblatt in schönem Abdruck, mit dem kleinen Stempel. Etwas stockfleckig.

1009. Napoléon le Grand. Ganze Figur im Krönungsornat. F. Gérard p. roy. fol. Capitalblatt in sehr schönem Druck. Stockfleckig.
**J. Folo.**
1010. St. Michael auf dem Satan. Michael et Angeli ejus etc. G. Reni p. roy. fol. Hauptblatt in altem Druck mit Volpato's Adresse.
**G. Garavaglia.**
1011. Herodias mit dem Haupt des Johannes. B. Luini p. qu. fol. Guter Druck.
1012. Die Madonna des Vincenzio von San Gimignano. V. da San Gimignano p. gr. fol. Schöner Druck. In Folge von Einrahmung leicht gebräunt.
1013. Das Jesuskind von Engeln verehrt. Verbum caro factum. C. Maratti p. gr. qu. fol. Schöner Abdruck.
**N. Lecomte.**
1014. Mater castissima. Maria mit dem Kind. F. Francia p. fol. Etwas stockfleckig und gebräunt.
**F. Lignon.**
1015. La Vierge au poisson. Raphael p. gr. fol. Schöner Abdruck. Im Rand leichte Spuren von Einrahmung.
**J. Longhi.**
1016. Visione d'Ezechiello. Raphael p. gr. fol. Schöner Druck.
**R. U. Massard.**
1017. Les Sabines. Grosse Composition. L. David p. qu. imp. fol. Hauptblatt in trefflichem Abdruck, mit dem Stempel des Stechers. Leider sehr stockfleckig.
**R. Morghen.**
1018. Maria mit dem Kinde. Pulcra es et decora etc. Raphael p. fol.
1019. Die Caritas. A. Correggio p. gr. fol.
1020. 4 Bl. Theologia, Justitia, Poesis und Philosophia. Raphael p. gr. fol. Etwas stockfleckig.
1021. Raphael. Se ipse p. fol.
1022. Fornarina. Idem p. fol.
**F. Müller.**
1023. Der Sündenfall. Raphael p. Alter Druck, mit der Adresse von Frauenholz. Stockfleckig.
**J. B. Nocchi.**
1024. 2 Bl. S. Giovanni Battista. S. M. Maddalena penitente. Halbfiguren. F. Guercino und E. Murillo p. Unter R. Morghen's Leitung gest. kl. fol. Gute Abdrücke.

## C. A. Porporati.
1025. Venus qui caresse l'Amour. P. Battoni p. gr. fol. Guter Druck. Eingerahmt gewesen.

## A. Ricciani.
1026. Galatea. Raphael p. gr. fol. Hauptblatt in schönem Druck.
1027. Pyrrhus ermordet Priamus am Altar. Nunc morere: haec dicens etc. Reiche Composition. P. Benvenuti. qu. roy. fol. Hauptblatt in gutem Druck. Wenig stockfleckig.

## E. Esquivel de Sotomayor.
1028. Madonna detta dell' Impannata. Raphael p. In Florenz gest. 1825. gr. fol. Schöner Abdruck.

## P. Toschi.
1029. Entrée de Henri IV. à Paris. F. Gérard p. imp. qu. fol. Capitalblatt in vorzüglichem Abdruck. Stockfleckig und in Folge von Einrahmung im Rand schwach gebräunt.

## C. Ulmer.
1030. St. Cécile. P. Mignard p. roy. fol. Hauptblatt in trefflichem Abdruck.

## J. Hall.
1031. Pyrrhus als Kind dem Schutz des Glaukias anvertraut. B. West p. gr. qu. fol. Die Schrift abgeschnitten, auf einen Holzrahmen gespannt und in lebhaften Farben gut ausgemalt.

## S. Amsler und C. Barth.
1032. Das Titelblatt zu den Nibelungen. P. Cornelius inv. qu. roy. fol. Vorzüglicher Abdruck dieser schönen Composition, vor aller Schrift.

## Ach. Martinet.
1033. La Vierge aux palmiers. Raphael p. fol. Schöner Abdruck vor der Schrift, nur mit den Namen der Künstler und Verleger, der Stempelnummer 50 und auf chines. Papier.

## C. Lasinio.
1034. 20 Bl. aus dem berühmten Werk Pitture a fresco de Campo Santo di Pisa 1812. qu. roy. fol. Schöne Abdrücke vor den Nummern. Dabei noch 3 Bl. aus dem Werke der Quatrocentisten, nach Wandgemälden des T. Gaddi und Lippi. gr. qu. fol.

### Raphael.
1035. Die Abnehmung Christi vom Kreuz. Lithogr. nach der Handzeichnung im Münchener Cabinet, von Strixner. fol.

## Hannoversche Kunstvereinsblätter.
### A. Adam.
1036. Französische Cuirassiere in Moskau. J. Giere lith. qu. roy. fol.
1037. Dasselbe.
### S. Amsler.
1038. Joseph's Traumdeutung vor Pharao. P. v. Cornelius del. gr. qu. fol. Gewählter Abdruck.
### N. Barthelmess.
1039. Der Feiertag. A. Siegert p. gr. fol. Schöner Abdruck.
1040. Dasselbe.
### H. Bürkel.
1041. Transport römischer Briganten, von Sbirren begleitet. J. Giere lith. gr. qu. fol.
1042. Dasselbe.
### G. Busse.
1043. Gegend bei Marino im Albaner Gebirge. H. Brandes p. qu. fol. Gewählter Abdruck.
1044. Dasselbe.
### F. Dinger.
1045. Cromwell und seine Anhänger bei Milton. E. Leutze p. gr. qu. fol.
### A. Hoffmann.
1046. Die Wiedererkennung Joseph's. P. v. Cornelius del. gr. qu. fol. Chines. Papier.
### J. Joubert und Jouanin.
1047. Neapolitanerin die Mandoline spielend. A. Gräfle p. Mezzotinto. roy. fol. Schöner Druck.
### J. Jouanin.
1048. Die Mährchenerzählerin. J. Becker p. Mezzotinto. roy. fol.
1049. Die Heimkehr des jungen Seemanns. C. Hübner p. Mezzotinto. gr. qu. fol. Etwas grau.
### C. Köhler.
1050. Semiramis. J. Giere lith. gr. qu. fol. Chines. Papier.
### H. Lödel.
1051. 2 Bl. Ritter Toggenburg. — Der Gang nach dem Eisenhammer. Ch. Nilson p. fol.

1052. Die Tochter Jephtha's. C. Oesterley p. fol.
1053. Dasselbe.

### O. Mengelberg.
1054. Judith. F. Hanfstängl lith. roy. fol. Chines. Papier.
1055. Dasselbe. Ebenso.

### D. Monten.
1056. Oberst Stahlhansch entreisst in der Schlacht von Lützen die Leiche des Königs Gustav Adolph v. Schweden den Kaiserlichen. J. Giere lith. qu. roy. fol.
1057. Dasselbe.

### G. Planer.
1058. Der Leichnam Christi betrauert von den Seinigen. Rotermund p. gr. qu. fol.
1059. Dasselbe.

### J. L. Raab.
1060. Luther verbrennt die Bannbulle. C. F. Lessing del. gr. qu. fol.
1061. Die angeschlagenen Thesen Luther's an der Schlosskirche zu Wittenberg. Idem del. gr. qu. fol.

### Raphael.
1062. Die heil. Familie. Madonna del passeggio. Anonyme Lithographie. roy. fol.

### F. und J. Riepenhausen.
1063. Herzog Heinrich der Löwe vertheidigt Friedrich Barbarossa im Kampf gegen die aufrührerischen Römer. J. Giere lith. qu. roy. fol. Tondruck.
1064. Dasselbe.

### E. Rouargue.
1065. Erzherzog Carl von Oesterreich in der Schlacht bei Aspern. Mit Randbildern. C. Alberti del. Stahlstich. (Nicht Hannoversches Vereinsblatt.) gr. qu. fol.

### H. Sagert.
1066. Das erste Gebet. J. G. Meyer p. Mezzotinto. gr. fol. Auf chines. Papier.
1067. Dasselbe. Ebenso.

### C. Scheuren.
1068. Die Vätergruft, nach Uhland. C. Osterwald lith. gr. qu. fol. Tondruck.
1069. Dasselbe.

### L. Schöninger.
1070. Griechisches Blumenmädchen. A. Riedel p. Galvanographie. roy. fol.
1071. Dasselbe.

## J. Schrader.
1072. Papst Gregor VII. und Graf Cencius. J. Giere lith. gr. qu. fol.
1073. Dasselbe.
1074. Das Gewitter. J. Becker p. gr. qu. fol.

## X. Steifensand.

## C. Storch.
1075. Die Entführung der Psyche. F. Hanfstängl lith. gr. qu. fol. Chines. Papier.
1076. Dasselbe. Ebenso.

## Handzeichnungen, Aquarelle etc.

### F. Seidel.
1077. Waldpartie mit Sumpf und einem Rehpaar. Bez. F. Seidel 1860. Ausgeführt in Kreide und Bleistift. qu. fol.

### G. Haanebrink.
1078. Nachsinnendes Bauermädchen in ganzer Figur. Hübsch in Rothstein. fol.

### A. Karst.
1079. Neapolitanerin, in ganzer Figur sitzend. Bez. Nettuno Karst. Bleistift. fol.

### H. van Oort.
1080. Ruhende Kuh auf der Weide. Aquarelle. Mit dem Zeichen. gr. 4.

### H. H. Müller.
1081. Venus und Amor. In Spranger's Geschmack. Feder und Tusche. Bez. fol.

### F. Voigt.
1082. Neapolitanische Fischer am Strande, Netze ausbessernd. Aquarellskizze auf grauem Tonpapier. Bez. qu. fol.

### G. Hammer.
1083. Studium von vier Katzen. Kreide und Bleistift, auf grauem Papier. Bez. qu. fol.

### P. Holsteyn.
1084. Bathseba im Bade. Schön ausgeführt in Tusche. Bez. fol.

### H. van Oort.
1085. Landschaft mit Bauernhütte und ausziehender Heerde. Aquarelle. Bez. qu. fol.

### A. Wichmann.
1086. Landschaft mit festlicher Heimkehr von der Ernte. Zart in Tusche. Bez. qu. fol.

## J. C. Klengel.
1087. Fluss mit Gebüsch und zwei vom Baden ruhenden Mädchen. Geistreich in Rothstein. qu. fol.
## C. Etzdorf.
1088. Grosse Landschaft mit Wasserfall. Kreide u. Tusche auf grauem Papier. gr. qu. fol.

## Unbekannt.
1089. Brustbild eines lesenden jungen Mannes. 18. Jahrh. Rothstein. qu. 4. Ausgeschnitten.
## Z. Dorner.
1090. Landschaft mit Mühle und einer Hütte zwischen Bäumen. Farbige Tusche. Bez. 1837.
## F. Kobell.
1091. Landschaft mit Reisenden am Ausgang eines Gehölzes. Feder u. Tusche. Bez. gr. 4.
## R. Wintter.
1092. Bäumestudium, mit hölzernem Verschlag. Zart in Kreide u. Bleistift auf grauem Tonpapier. qu. 4.
1093. Ruhender Stier. Bleistift. Bez. 1815. qu. fol.
## Joh. Holzer.
1094. St. Gregor vernimmt die Offenbarung Gottes. Zart in Bleistift. kl fol.
1095. Ein anderer Heiliger mit brennendem Herz in der Hand. Ebenso.
## H. Schönfeld.
1096. Ruhender Philosoph bei Ruinen. Farbige Tusche. kl. qu. fol.
## J. D. Preisler.
1097. Christus feiert mit seinen Jüngern das heil. Abendmahl. Ausgeführt in Feder u. Tusche. 8.
1098. Eine alttestamentliche Darstellung. Ebenso. kl. fol.
## A. Genoels.
1099. Gebirgslandschaft mit Häusern zwischen Bäumen. Feder u. blaue Tusche. qu. fol. Etwas fleckig u. beschädigt.
## A. Correggio. (?)
1100. Stehender römischer Krieger. Feder u. Sepia. fol.
## P. Lastman.
1101. Reiche Vase mit Nymphen. Tusche. Mit dem Zeichen P L. fol. Wasserfleckig.
## J. Palma vecchio.
1102. Die Ruhe auf der Flucht nach Aegypten. Feder u. rothe Tusche. Brüchig u. aufgezogen.

## S. Ruysdael.
1103. Flache Landschaft mit einem Hügel zur Linken und Reisenden auf demselben. Kreide. 1653. kl. qu. fol. Hübsche Zeichnung.
## L. Cranach.
1104. Costumstudium von drei Frauen. Feder u. Tusche. fol.
## D. Dominichino.
1105. St. Johannes in Engelglorie das Evangelium schreibend. Hübsch in Feder u. Tusche. kl. fol. Wenig fleckig.
## M. Lorch.
1106. Heilung von Kranken durch einen Apostel oder Heiligen. Feder. qu. fol. Hinten das Monogramm. 1557.
## Unbekannt.
1107. Christus am Kreuz. Geistreich in Feder u. Tusche von einem ältern französ. Meister. 8.
1108. Die Verstossung der Hagar. Feder u. Tusche. Rund 4.
## C. Screta.
1109. Ein junger Mann vor einem bei einer Tenne sitzenden Greis. Feder u. Tusche. Rund 4.
## J. E. Ridinger.
1110. 31 Bl. Figurenstudien. Geistvolle Federzeichnungen. Bez. 1720. 8. u. gr. 8. Einige Bl. beschädigt u. fleckig.
## F. Kobell.
1111. Bergstudium mit Gebüsch und vier Figuren. Feder u. Bleistift. qu. fol.
## G. B. Piazetta.
1112. Bärtiger Kopf in Profil. Geistreich in Kreide. kl. fol.
## F. Vanni.
1113. St. Theresa (?) in halber Figur vor dem Crucifix. Schön in Feder u. Tusche. 8.
## J. J. Preisler.
1114. Flora mit Guirlande und ein Genius. Feder u. Tusche auf grauem Papier. kl. qu. fol.
## Ph. H. Brinkmann.
1115. Büste eines Orientalen. Schön ausgeführt in Rothstein. 4.
## E. Murillo.
1116. 5 Bl. Studien von nackten Kindern. Rothstein. fol.
## F. v. Götz.
1117. 2 Bl. Genrescenen zu einem Roman. Feder u. Bleistift. 1792. 4.
## J. C. Klengel.
1118. Mondscheinlandschaft, vorn ein Fluss in Gebüsch und zwei grosse Bäume. Gouache. qu. fol.

## Hugo da Carpi.
1119. Stehende weibliche Figur in antiker Gewandung. Tusche, weiss gehöht. 8.

## C. Rottenhammer.
1120. Bestattung eines Enthaupteten. Feder u. Tusche. 4.

## F. Solimena.
1121. Die Apostel Petrus und Paulus. Feder u. Bleistift auf grauem Papier. 4.

## J. G. Bergmüller.
1122. Die heil. Dreieinigkeit. Feder u. Tusche. fol. Fleckig.

## D. Teniers.
1123. Ausruhende Reisende bei einem Feuer. Kreide u. Rothstein auf gelblichem Grund.

## A. F. Oeser.
1124. Zwei Genien bei einer Wasserurne. Rothstein. 8. Ausschnitt.

## J. A. Koch.
1125. Die Schicksalsgestalt mit einer Urne, mit der Inschrift Sors gentium. Feder. kl. fol. Etwas fleckig.

## A. Bloemaert.
1126. St. Agnes. Ausgeführt in Feder, Tusche, weiss gehöht. fol.

1126a. Christus erscheint einem ruhenden Bauer. Ebenso. gr. 8.

## L. Lombardus.
1127. 2 Bl. Vier sitzende allegorische weibliche Figuren. Feder u. Tusche. kl. qu. fol.

## G. B. Tiepolo.
1128. Die heil. Jungfrau in Heiligenglorie. Feder u. leicht getuscht. fol.

## C. le Brun.
1129. 2 Bl. Allegorische weibliche Gestalten. Schön in Kreide u. Rothstein. fol.

## Unbekannt.
1130. Scene zum Don Quixote. Aeltere französ. Zeichnung, geistreich in Tusche. 8.

## B. Rode.
1131. Zwei Kinder mit einer Vase. Rothstein. qu. fol. Fleckig.

## L. Buchhorn.
1132. Zwei Bettlerbuben vorn in einer Landschaft. Feder u. Sepia. Bez. fol.

## C. W. Kolbe.
1133. Ruhendes Schaf. Tusche. qu. 8. Bez. Gegendruck.

### N. Manuel Deutsch.
1134. Der Tod einen Pfeil abschiessend. Feder u. Tusche. Oval fol.

### A. Gabbiani.
1135. Christus lehrend. Rothstein. fol.

### P. Coecke van Aelst.
1136. Die Himmelfahrt der heil. Jungfrau. Hübsch in Feder u. Tusche. Bez. qu. fol.

### J. Callot.
1137. Ein Krüppel auf seinen Stab gestützt. Feder. 4.

### A. Brouwer.
1138. Ein Bauernpaar in Unterredung. Farbige Tusche. 8.

### B. Spranger.
1139. Studium von fünf behelmten Köpfen. Feder u. Tusche. qu. fol.

### P. P. Rubens.
1140. Zwei laufende Windhunde. Sepia auf grauem Papier. qu. fol.

### J. de Momper.
1141. Felsige Seeküste mit einem Schloss. Feder u. grüne Tusche. Oval qu. fol. Gute Zeichnung.

### P. Brill.
1142. Landschaft mit weiter Ferne und einem Kirchdorf im Mittelgrund. Feder u. blaue Tusche. qu. fol.

### F. Sustris.
1143. Die Verkündigung Mariä. Feder u. Tusche. fol. Schön ausgeführte Zeichnung, die Weisshöhung jedoch abgefallen.

### E. Biermann.
1144. Bergige Landschaft mit ruhender Eselgruppe. Sepia. kl. qu. fol.
1145. Landschaft mit einer Ruine links in Bäumen u. einem Fluss im Mittelgrund. Schön ausgeführt in Sepia. kl. qu. fol.

### A. van Stry.
1146. Angebundenes fressendes Pferd. Gute Kreidezeichnung. qu. fol.
1147. Zwei Pferde bei einem Wagen. Kreide. qu. fol.

### Unbekannt.
1148. Der Prophet Elisa und die Wittwe von Sarepta. Gute Zeichnung in Feder u. Sepia. Rund 4.

### J. Gauermann.
1149. Landschaft mit Bäumen und Fluss, auf dessen Ufer

Schlösser. Feder. qu. fol. Wohl von einem ältern Meister, in der Manier des Savary.

## A. Thelot.
1150. Türkische Audienzertheilung. Feder u. Tusche. Bez. qu. 8.

## Unbekannt.
1151. Zwei Herren, der eine die Bassgeige spielend. Sorgfältig ausgeführt in Feder u. Tusche. qu. 8.

## C. la Fargue.
1152. Holländische Landschaft mit einer Strasse an der Seite eines Canals, rechts eine Heerde. Aquarellirt. Bez. qu. fol.

## P. de Laer.
1153. Stallendes Pferd und Bauer, der einen Sack vom Wagen hebt. Tusche auf grauem Papier. qu. fol.

## P. Bianchi.
1154. Drei knieende Männer vor einem Pabst. Geistvoll in Kreide. Bez. fol.

## Unbekannt.
1155. Verschiedene Figurenstudien auf einem Blatt. Geistreiche Federzeichnung von einem Italiener des 17. Jahrh. qu. fol.

## G. Romano.
1156. Die heil. Familie mit Katharina. Geistreiche Federzeichnung. Bez. 1540. 4. Halb quadrirt.

## A. Michelis.
1157. Abraham, Sara und Hagar. Kreide, Tusche u. gehöht. qu. fol.

## P. Pagani.
1158. St. Magdalena in Busse. Feder u. Sepia. qu. fol. Schöne Zeichnung. Das Gemälde in Dresden.

## Unbekannt.
1159. 10 Bl. Diverse Zeichnungen in kleinerem Format.

## C. Maratti.
1160. Hagar in der Wüste. Schön in Kreide, weiss gehöht auf blauem Papier. gr. fol.

## F. Lippi. (?)
1161. Die Madonna als Himmelskönigin. Kreide. gr. fol. Fleckig.

## S. Warnberger.
1162. Baumreiches Thal mit Schloss hinten vor einem grossen Berge. Ausgeführt in Tusche. gr. qu. fol. Quadrirt.

## C. Poussin.
1163. Felsiges Terrainstudium, vorn drei Figuren. Kreide auf bläulichem Papier. gr. qu. fol. Etwas wasserfleckig.

## G. M. Preisler.
1164. Nackter männlicher Act. Kreide. Bez. 1722. gr. qu. fol. Fleckig.

## P. Veronese (Nach ihm).
1165. Austheilung des heil. Abendmahls an eine Märtyrerin. Kreide. gr. qu. fol. Berieben.

## Unbekannt.
1166. Sieg der Polen unter Ladislaus über die Türken 1621. Feder u. Tusche. Oben gerundet. gr. qu. fol.
1167. Kopf eines jungen betenden Mädchens. In Kreide u. Rothstein hübsch ausgeführt. 18. Jahrh. fol. Fleckig.

## E. Murillo.
1168. Der knieende kleine Johannes mit dem Kreuz. Rothstein. fol. Gegendruck. Etwas fleckig.

## G. Romano.
1169. Caryatiden mit Guirlanden u. Genien. Feder u. Bister. gr. qu. fol.

## J. G. Bergmüller.
1170. Die heil. Dreieinigkeit und der Sturz der Verdammten. Tusche u. weiss gehöht. gr. fol.

## C. Dolce.
1171. Kopf eines jungen aufwärts blickenden Mädchens. Schön in Rothstein. fol.
1172. Kopf eines bärtigen Mannes. Rothstein. Fleckig.

## L. Giordano.
1173. Zwei allegorische weibliche Gestalten auf Gewölk, umgeben von Genien. Tusche. gr. qu. fol. Auf der Seite rissig.

## C. Parrocel.
1174. Sitzender junger Mann. Geistreich in Rothstein. gr. fol.

## E. Picart.
1175. Die Zeit entführt die Wahrheit. Rothstein. fol.

## Pollajuolo.
1176. Hercules erdrückt Antheus. Schöne alte Federzeichnung, leider beschädigt u. fleckig. fol.

## P. de St. Ours.
1177. Reicher Plafond mit allegorischen Figuren. Tusche. qu. fol.

## J. J. Preisler.
1178. Antiker Faun mit einer Schaale in der Hand. Rothstein. fol.

## A. van Dyck.
1179. Die drei Kinder Königs Karl I. von England. Kreide. qu. fol.

## J. de Witt.
1180. Kopf der heil. Magdalena. Kreide u. Rothstein auf grauem Papier. Bez. fol.

## A. von Wille.
1181. Feldhütte unter Bäumen, zu Elmershausen 1849. Ausgeführtes Kreide- u. Bleistiftstudium. Bez. qu. fol.
1182. Studium einer alten Weide am Rhein bei Geisenheim. 1857. Bleistift u. Tusche. gr. qu. fol. Wenig fleckig.

## A. Michelis.
1183. 2 Bl. Die Geburt Christi, und die Grablegung. Kreide. gr. qu. fol.

## Unbekannt.
1184. Der Tod der Niobiden. Schöne ausgeführte Federzeichnung eines neuen Meisters. Leider fleckig u. in den untern Ecken beschädigt.
1185. 3 Bl. Verschiedene Darstellungen, darunter ein Plafond, angeblich von Dosso Dossi. Rothstein u. Tusche. fol.

## J. de Grave.
1186. Ansicht von Paris 1668. Feder u. Tusche. qu. 4.

## F. Kobell.
1187. Ruhende Ziege und Schaf vor einem Fels. Nach H. Roos. Bez. 1771. Rothstein. qu. 4.

## L. Br.
1188. Landschaft mit Bauernhütte zur Linken in Gebüsch. Feder. qu. 4.

## C. Stange.
1189. Waldige Hügellandschaft mit einer Allee zur Linken und einem Bauernhaus im Grund. Aquarelle. qu. fol. Aus früherer Zeit des Künstlers.

## B. Canaletto. (?)
1190. Ansicht aus Venedig. Tusche. Bez. W. B. qu. fol.

## C. F. A. Lorentzen.
1191. Flache niederdeutsche Landschaft mit einem Fluss und grossem Baum. Bez. 1846. Gute Bleistiftzeichnung.

## J. Bergmann.
1192. Oberbayerische Wirthsstube mit Jägern. Hübsch in Sepia. fol.

## B. Breenberg.
1193. Italienisches Gebäude mit einem Schuppen, in welchem ein Karren, eine Weinpresse u. s. w. Feder u. Sepia. qu. fol.

## A. Schleich.

1194. Zwei Hasen vor Gebüsch sitzend. Photographie nach einem Rauchbild. qu. fol.
1195. Vortretendes Reh. Ebenso. qu. fol.

## L. Eckhardt.

1196. Landschaft mit Häusern, zwei Kähnen auf einem Canal vor Gebüsch und einer Bauernfamilie, die Wäsche zum Trocknen aufhängt. Aquarelle. qu. fol.

## J. J. Faber.

1197. Ein Kirchdorf hinter Bäumen, am Fusse von Bergen. Kreide, weiss gehöht, auf blauem Papier. qu. fol.
1198. Andere Landschaft mit Hütten unter Bäumen und einer Brücke. Ebenso. fol.
1199. Baumstudium. Kreide u. Tusche. 4.

## Zimmermann.

1200. Felsige Seeküste mit zwei zu Fischern redenden Aposteln im Vordergrund. In Vernet's Geschmack. Aquarelle. gr. qu. fol.

## J. Bundsen.

1201. Eine Bauernhütte auf der Insel Fühnen. Ausgeführt in Sepia. Bez. 1795. qu. fol.

## D. Kuypers.

1202. Flache Landschaft mit Bauernhütte und einer Bauernfamilie im Vorgrund. Sepia. qu. fol.

## Reinhold und Asher.

1203. 4 Bl. Kühe, männliches Portrait und Tänzerin. Bleistift u. Feder. 4. qu. 4. kl. fol.

---

## Aquarelle und Handzeichnungen.

### Bachmann-Hohmann.

1204. Vertheidigung eines Bergpasses. Lebendige Skizze in Sepia. qu. fol.
1205. Kampfscene um eine Fahne, aus dem ungarischen Befreiungskriege. Aquarell-Skizze. qu. fol.
1206. Ein stehender Husar. Bleistift u. Aquarelle. 4.

### C. Bloemaert.

1207. 3 Bl. Stillleben. Rothstein. qu. 4.

### E. Bendemann.

1208. Brustbild des Apostels Petrus und dreier Soldaten. Theil einer grössern Zeichnung. Kreide auf Tonpapier. 8.

## J. Breidenauer.
1209. Zwei stehende Hunde. Fleissig ausgeführt in Tusche. Bez. 1787 Eichstädt. qu. 4.

## C. Brügner.
1210. Landschaft am Vierwaldstädter-See. Vollständig u. brillant ausgeführtes Bild in Oel auf Leinwand. qu. fol.
1211. Aehnliches Motiv. Ebenso ausgeführt in Oel.

## Anton Castell.
1212. Gosausee. Hübsche Studie nach der Natur. Kreide u. Bleistift. 1863. gr. qu. fol.

## A. Doll.
1213. Landschaft an einem See. Aquarelle. qu. 8.

## D. Chodowiecki.
1214. Christuskopf in Profil. Originalzeichnung zu Lavater's Werk. Ausgeführt in Tusche u. Guache. 8.

## Franz Dobiaschofski.
1215. Ein Hirt zur Krippe gehend. Einzelfigur einer grössern Composition, die Geburt Christi darstellend. Schön ausgeführt in Bleistift. fol.
1216. Christkind in der Krippe. Ebenso in Composition u. Ausführung. Beide Blätter erhielten zu seiner Zeit einen akademischen Preis zu Wien.

## A. Döring.
1217. Partie aus dem Plauenschen Grunde bei Dresden. Aquarellskizze. qu. fol.

## Franz Dreber.
1218. Schloss Stein an der Mulde. Bleistift. qu. fol.

## J. Dorner sen.
1219. Architectur. Partie an der Isar. Aquarelle. fol.

## Deimling.
1220. Kätzchens Geburtstag. Bleistift. qu. 8.

## Robert Erbe.
1221. Der Thurmfalke. Ausgeführte schöne Aquarelle nach der Natur. Bez. 1867. gr. qu. fol.
1222. Hühnerhof mit allerlei Geflügel. Ebenso ausgeführt. 1869. qu. fol.
1223. Altes Bauerhaus in Gebüsch, der Vorplatz mit vielen Thieren belebt. Ebenfalls sehr gut ausgeführt. Aquarelle. 1869. qu. fol.
1224. Stall mit Hühnern, Ziege und Kaninchen. Federzeichnung u. farbige Tusche. qu. fol.

### Benno Fischer.
1225. Sitzende Bäuerin aus Klösterle, Marg. Kunzin. Nach der Natur. Aquarellirt. fol.
1226. Kopf einer alten Frau mit Kopftuch. Sehr ausgeführt in Bleistift auf Tonpapier. fol.

### Ghirardi.
1227. Dörfchen, vorn ein Wasser, sehr fein im Ton u. schön ausgeführt. Aquarelle. qu. 8.

### Fritz Gauermann.
1228. Motiv am Fusse des Dachsteins aus dem Salzkammergut. Hübsch in Bleistift. 4.

### A. Fröhlich.
1229. Das Entrée zweier Arretirten in No. 5. Humoristische Composition in Aquarellfarben. fol.

### Unbekannt.
1230. Kopf einer jungen Frau in niederländischer Tracht. Von einem ältern Meister. Schön ausgeführt u. retouchirt in Oel auf Leinwand. fol.

### E. D. Gebauer.
1231. Felspartie mit Wasserfall. Gouache. qu. fol.
1232. Norwegische Landschaft mit Wasserfall. Bleistift. fol.

### F. Gonne.
1233. Abendlandschaft. Oel. qu. 8.
1234. Kopf eines bärtigen Mannes. Bleistift. fol.

### Otto Georgi.
1235. Ansicht von Jerusalem. Nach der Natur ausgeführt in Bleistift u. farbiger Tusche. gr. qu. fol.
1236. Ansicht von Nazareth. Ebenso schön ausgeführt. Bez. der Brunnen der Maria bei Nazareth. gr. qu. fol.
1237. Bethlehem. Ebenso ausgeführt. gr. qu. fol.

### Hermsdorf.
1238. Motiv aus Wiesbaden. Parkpartie. Fleissig ausgeführt in Aquarelle. kl. qu. fol.
1239. Landschaft. Felspartie aus dem Würtembergischen. Ebenso. Ausgeführt in Oel. qu. fol.
1240. Partie oberhalb Krippen, mit gleicher Sorgfalt in Oel ausgeführt. qu. fol.

### J. Hantsch.
1241. Eine Frau mit der Toilette eines jungen Mädchens beschäftigt. Studie nach der Natur zu seinem Bilde. Bleistift. fol.

### C. G. Hammer.
1242. Partie aus den Fahrpromenaden im grossen Garten bei Dresden. Sorgfältig in Tusche. 1845. qu. fol.

1243. Partie am Eingange in den gräflich Metternichschen Garten in Königswartha bei Marienberg in Böhmen. Vorzüglich ausgeführt in Bleistift. qu. fol.

### A. Höninghaus.
1244. Kleine Schweizerlandschaft. In Oel. Rund. 4.

### A. Hohneck.
1245. Bergige Landschaft im Charakter der sächsischen Schweiz in schöner herbstlicher Beleuchtung, vollständig ausgeführtes Oelgemälde. Bez. 18 H. 53. gr. qu. fol.
1246. Italienische Landschaft mit Ruinen an einem Fluss. Ebenso in Oel. gr. qu. fol.
1247. Flusslandschaft in Abendbeleuchtung, mit bergigem und bewaldetem Ufer. Ebenso in Oel. qu. fol.

### M. G. Jentzsch.
1248. Landschaft mit von Hügeln eingeschlossenem Gewässer, in welchem eine Heerde. Sepia und weiss gehöht auf Tonpapier. qu. fol.

### Ludwig Kergel.
1249. Partie aus der Isar-Vorstadt bei München. 1869. Reiche und vorzüglich ausgeführte Aquarelle. gr. qu. fol.

### Küntzel.
1250. Torso der Mediceischen Venus. Nach Gyps in Oel. fol.

### C. Kirchbach.
1251. Kopf eines jungen Mannes, mit breitem Hut. Kreide auf Tonpapier. fol.

### Hugo Körber.
1252. Frühlingslandschaft. Partie aus dem Plauenschen Grunde, mit Steinbrecherhütten. Aquarelle. qu. fol.
1253. Landschaft aus dem Dünkamnitzgrunde. Schöne Studie in Bleistift. 1868. Im Geiste seines früheren Meisters L. Richter. gr. fol.
1254. Waldlandschaft. Originalzeichnung zu seinem Gemälde. Ausgeführt in Sepia und Bleistift. In Richter's Geist. qu. fol.
1255. Die Einsiedelei. Nach einer Handzeichnung von L. Richter. Schön ausgeführt mit der Feder und Sepia. 1864. fol.

### Emilie Klengel.
1256. Dorfpartie aus Röcknitz bei Dresden. Kreide. 4.

### Robert Kummer.
1257. Capo de zapareno. Zeichnung aus seiner italienischen Reise. 1840. Bleistift. qu. fol.

### J. C. Klengel.
1258. Landschaft aus Striesen bei Dresden, mit kleiner Brücke. Sepia. qu. fol.

### J. F. König.
1259. Scene aus dem sächsischen Prinzenraub. Jugendarbeit. Bleistift. fol.

### A. Kirchner.
1260. Tiroler Landschaft. Rechts unter einem alten Baume, an welchem sich ein Crucifix befindet, ein Liebespaar. Zart in Bleistift. 1835. 4.
1261. Das Innere eines hochgewölbten Bibliotheksaales eines alten Schlosses. Aquarelle. fol.

### J. F. König.
1262. Kopf einer alten Frau mit Kopftuch. Schön ausgeführte Studie in Kreide. gr. fol.

### F. L. Lehmann.
1263. Schlafender Löwe und ein sitzender Hund, welcher seinen Gefährten und den Löwen zu bewachen scheint. Bez. aus der Menagerie von van Aken etc. Aeusserst fleissig und sauber ausgeführte Aquarelle. gr. qu. fol.

### W. Lichtenheld.
1264. Frühlingslandschaft. Hübsch ausgeführt in Oel. qu. fol.

### Moritz Müller.
1265. Eine Kellnerin aus der Jachenau. 1832. Kreide und Aquarelle. fol.

### Rafael Mengs.
1266. Weiblicher Kopf. Geistreich in schwarzer Kreide auf grauem Papier. gr. fol. Etwas brüchig und berieben.

### Meno Mühlig.
1267. Der Brunsthirsch, mit Blick auf eine weite Herbstlandschaft. Abend. Stimmungsvoll und gut ausgeführt in Oel, wie ein Bildchen, auf Leinwand. qu. fol.
1268. Ein Ritter zu Pferd jagt durch einen Hohlweg. Mondschein. Stimmungsvoll und ebenso ausgeführt. kl. qu. fol.
1269. Zwei Ritter zu Pferd entführen ein Burgfräulein. In romantischer Landschaft. In der Ferne erblickt man eine Burg und Verfolger zu Pferde. Ebenso in Oel. qu. fol.

### Paul Mohn.
1270. Abendläuten. Schöne Composition, zart ausgeführt in Bleistift. qu. fol.

### Heinrich Müller.
1271. Baumstudie. 1842. Bleistift. fol.
1272. Waldpartie an einem Wasser. Zart ausgeführt in Bleistift. 4.

### E. Meissner.
1273. Motiv aus Baiern. Pferde an einer Tränke. Eine junge Bäuerin unterhält sich mit einem Bauer. Lebendige Aquarelle. 1868. qu. fol.

1274. Fruchthändlerin und Käuferin unter einer grossen Pforte. Studie nach der Natur aus Rom. Ausgeführte Aquarelle in glühenden Farben. 1868. fol.
1275. Fischerhütten am Staffelsee. Studie nach der Natur, in Oel. 1858. qu. fol.

## C. W. Müller.
1276. Dorfpartie mit Staffage, im Geiste seines früheren Meisters L. Richter, geistreiche Bleistiftzeichnung. 4.
1277. Das Mittagbrod des Hirten. Ausgeführt in Bleistift und farbiger Tusche. 4.

## C. Nestler.
1278. Sächsische Landschaft. Aquarelle. kl. qu. fol.
1279. Andere Landschaft. Ebenso. kl. qu. fol.

## C. Ockert.
1280. Fuchskopf in Lebensgrösse. Schön ausgeführte Studie in Oel auf Leinwand. gr. fol.

## C. Peschel.
1281. Rachel beweint ihre Kinder. Hübsche Zeichnung in Bleistift und Sepia. Bez. 1834. qu. fol.

## Hermann Pansée.
1282. Der Winter. Edelhirsch durch eine schneebedeckte Landschaft schreitend. Schöne Bleistiftzeichnung zu seinen bekannten 4 Jahreszeiten. fol.
1283. Der Anstand auf dem Sauwechsel. Winterlandschaft. Stimmungsvolle Aquarelle. 1864. fol.

## H. Poscharski.
1284. Stall mit Blauschimmel, Fuchs und einer liegenden Ziege. Sehr fleissig ausgeführte Aquarelle. qu. fol.
1285. Thierstück. Zwei Rinder, Ziege, Schaf und Kalb. Schöne Aquarelle. qu. fol.
1286. Ein stehender Ochse und ein Schaf auf der Weide. Ebenfalls fleissig ausgeführte Aquarelle. 1826. qu. fol.
1287. Ein stehender und liegender Ochse auf der Weide. Bleistiftzeichnung. qu. fol.

## F. Preller.
1288. Landschaft mit mythologischer Staffage. Bleistift auf Bausepapier. qu. fol.
1289. Wilde Gebirgslandschaft mit zwei Bären. Tuschskizze. qu. fol.

## C. Patzschke.
1290. Klosterkirche in Cottbus. Nach der Natur für das Werk von Puttrich gezeichnet. 1846. Schön ausgeführt in Bleistift und Sepia. qu. fol.

### Raffalt.
1291. Landschaft mit Kornfeld. Gewitterstimmung. Wirkungsvolle Oelskizze auf Leinwand. qu. fol.

### O. Rostosky.
1292. Baumgruppe. Bez. Seeseiten, Sept. 66. Studie zu einem Bilde. Bleistift. gr. qu. fol.
1293. Pferdekopf in Oel. Oval. fol.
1294. Stehendes Racepferd. Kräftige Bleistiftzeichnung. 1859. qu. fol.

### Ludwig Richter.
1295. 6 Bl. mit vielen seiner bekanntesten Compositionen im ersten Entwurfe. In Bleistift. fol. qu. fol.
1296. Ein Mann in sitzender Stellung, mit einem Buche in der Hand. Bleistift. 8.
1297. Ein Mann mit sehr eifriger Miene in einem Blatte lesend. Bleistift. 8.

### Rosal.
1298. Dörfchen am Wasser. Hübsches Bildchen in Oel. kl. qu. fol.

### St. Rauh.
1299. Partie aus dem Rabenauer Grunde. Fixirte Kohlenzeichnung auf Tonpapier. gr. qu. fol.

### P. Rösel.
1300. Mauerwerk von Bäumen umgeben. Tusche. qu. fol.

### Rothe.
1301. Gebüschstudium. Bleistift. fol.
1302. Baumgruppen. Feder und farbige Tusche. qu. fol.

### Rettig.
1303. Sitzender Bursche. Studie nach der Natur. Gut ausgeführt in Bleistift auf Tonpapier. fol.

### M. Rotermund.
1304. Kopf eines kleinen Mädchens. Kreide auf Tonpapier. fol.

### R. Schuster.
1305. Waldlandschaft. Ausgeführt in Sepia und Bleistift auf Tonpapier. qu. fol.

### B. Schmelzer.
1306. Spielt immer noch eine hübsche Figur. Charakterfigur, für Nieritz' Volkskalender. Ausgeführte Federzeichnung. gr. 8.
1307. Böhmische Künstler halten vor einer Gruppe Landleute eine Vorstellung mit ihren abgerichteten Hunden. Hübsch ausgeführt in Aquarell. qu. fol.

1308. Gottesdienst einer abgebrannten Dorfgemeinde im Freien. Originalskizze in Bleistift und Sepia zu einem Holzschnitt. qu. fol.
1309. Das Ende des Wilderers. Skizze in Sepia. qu. fol.

### J. C. Seekatz.
1310. Kopf einer Löwin. Oel. Oval. 4.

### A. Schlegel.
1311. Schweizerlandschaft mit einem Fluss. Hübsche Aquarelle. qu. fol.

### J. W. Schirmer.
1312. Zerfallenes Kloster und eine Kirche. Entwurf in Bleistift. qu. fol.

### J. M. Sattler.
1313. Orientalische Landschaft an einem See, mit Schiffen und Staffage. In gouache. Aus Sattler's Reise in den Orient. qu. fol.

### R. Schietzold.
1314. Mit Bäumen bewachsener Felsweg am Dürrkamnitzgrunde in Böhmen. Als Bild abgeschlossen. Schöne Studie. Sorgfältig in Oel ausgeführt, auf Leinwand. gr. fol.
1315. Der Feierabend auf dem Lande. Federzeichnung und aquarellirt. Im Geiste seines früheren Meisters L. Richter. qu. fol.
1316. Pass Luegg. Gut ausgeführt in Sepia und farbiger Tusche. fol.
1317. Motiv bei Branneburg. In Sepia und Tusche. qu. fol.

### G. Schlick.
1318. 3 Bl. Illustrationen zu einem Gedicht. Lebendig mit der Feder. qu. 8.
1319. Der Fischer, nach Göthe's Gedicht. Bleistift. 1835. fol.

### Albert Schmieder.
1320. Dresdener Chaisenträger in Uniform. Alter Mann, einen Strumpf strickend, die eine Nadel im Munde. Sehr charakteristisch und sehr gut ausgeführte Aquarelle. 1869. fol.
1321. Der Sägenschärfer. Ebenfalls sehr charakteristisch und naturwahr. Ausgeführte Aquarelle. fol.

### Arthur Thiele.
1322. Hirsche im Sumpf. Bleistift. qu. fol.
1323. Kohlenbrennerei im Walde. Bleistift und weiss gehöht auf Tonpapier. qu. fol.

### A. Thomas.
1324. Motiv bei Branneburg mit Staffage. Original zu seinem im Dresdener Museum befindlichen Oelgemälde. Weich und sonnig in Sepia. 1866. qu. fol.

## Unbekannt.

1325. Italienische Pilger an einem Brunnen. Ausgeführte Federzeichnung und etwas farbig. Von einem neueren Künstler. qu. fol.
1326. Leda mit dem Schwane. Nach dem Original von Michel Angelo auf der Dresdener Gallerie. Bleistift. qu. 4.
1327. Landschaft mit Vieh, von Klengel oder aus dessen Schule. Hübsch in Sepia. qu. fol.

### F. Voigt.
1328. Bruststück einer Sarazenerin, in ihrer Tracht. Edler Kopf und in warmer Färbung. Vollständig und schön in Oel ausgeführte Studie auf Leinwand. 1864. gr. fol.
1329. Sitzende Careeserin. Kräftig in Aquarelle. 1864. fol.
1330. Die Kreuzigung Christi. Figurenreiche Composition. Bunte Aquarellskizze. gr. qu. fol.

### Albert Venus.
1331. Illustration zn Stöber's Küchenmichel. Bleistift und Sepia. 8.
1332. Waldlandschaft. Bleistift und farbige Tusche. kl. fol.
1333. Wandernde Italienerin mit ihren Kindern und Esel. Hübsche Aquarelle. gr. 8.
1334. Der Mutter Schoos. Schlafendes Kind im Schoos der vor einer Laube sitzenden Mutter. Sepia. 8.

### P. Veith.
1335. Hügellandschaft mit Hütten an einem Fluss. Ausgeführte Federzeichnung. kl. qu. fol.

### A. Wagner.
1336. Landschaft mit altem Försterhaus bei Siebeneichen bei Meissen. Mit Staffage. Ausgeführte Aquarelle. qu. fol.

### Georg Wilder.
1337. Der Heidenthurm auf der Veste in Nürnberg. 1833. Sepia. fol.

### H. Th. Wehle.
1338. Wasserfall aus dem Rabenauer Grunde bei Dresden. Ausgeführte Federzeichnung, wie ein Kupferstich. qu. fol.

### Anton Wolff.
1339. Partie aus einem engen und finstern Thale in Tirol. Ausgeführte Studie, wie ein Bild in Oel. qu. fol.
1340. Das stockende Pferd und der Wagenspitz. Schöne Bleistiftzeichnung. Fixirt. kl. fol.
1341. Aus dem bairischen Hochlande bei Eberstiegen. Abendlandschaft. Gut ausgeführt in Oel. qu. fol.
1342. Abendlandschaft aus dem Constablergrunde. Stimmungsvoll in Oel. kl. qu. fol.

### Ad. Wegener.
1343. Reh mit Jungen an einem Wasser. Gutes Blatt in Bleistift und Aquarell. fol.

### A. Wichmann.
1344. Madonnenkopf. Studie zu seinem Bilde. In Pastell. Oval. fol.

### Weyser?
1345. Ruine am Wasser. Tusche. qu. fol.

### A. Zeh.
1346. In einem kühlen Grunde. Zu dem bekannten Gedicht. Hübsch in Bleistift. qu. fol.
1347. Der Wirthin Töchterlein. Bleistift. qu. fol.
1348. Haidenröslein. Bleistift. qu. fol.

### A. Zingg.
1349. Bewachsener Baumstamm. Rothstein. fol.

### R. Schietzold.
1350. Alter männlicher Kopf mit grauem Barte. Schöne Studie nach der Natur in Oel. 1862. gr. fol.

### M. H. E. Harnapp.
1351. 2 Bl. Bäume. Feder und Tusche. 1807. fol.

### Unbekannt.
1352. Besuch der Maria bei Elisabeth. Feder auf geöltes Papier. fol.

### Robert Erbe.
1353. Eine Gruppe von 7 Affen, erstaunt über einen Igel, den man in ihre Zelle gesetzt hat. Studie aus dem zoologischen Garten zu Dresden. Charakteristisch und hübsch ausgeführte Aquarelle. 1869. qu. 4.
1354. Eine Gruppe von 3 Affen, oberhalb die Studie eines Nasenbären. Ebenso ausgeführt. 1868. qu. 4.

### Wizani?
1355. Ruhendes Rind und Schafe im Charakter Paul Potter's. Gut in Sepia. kl. qu. fol.

### C. Brügner.
1356. Alte Mühle an einem Canal. Winter. Wirkungsvoll und vollständig als Bild in Oel ausgeführt auf Leinwand. kl. qu. fol.

### Anton Wolff.
1357. Flache Landschaft mit untergehender Sonne. Das Terrain von schöner Naturwahrheit und feiner Durchführung. In Oel auf Leinwand. qu. 4.

### Ludwig Richter.
1358. Entwürfe zu mehreren Compositionen auf einem Blatt. Bleistift. qu. fol.

### F. Voigt.
1359. Kopf des bekannten schönen Kopfmodelles „Moses Biehn". Gute Kreidezeichnung. fol.

### Felice Torelli.
1360. Ein Heiliger unter einem Baume, von Engeln umgeben. Alte Federzeichnung. qu. fol.

### A. Heino.
1361. Zwei Jungfrauen auf dem Heimwege, sich Blumen pflückend. Abendstimmung. Hübsch durchgeführt in Aquarell. 8.
1362. Motiv aus Tyrol. 1867. Feine Aquarelle. 8.
1363. Alter Denkstein, von Bäumen und Gesträuch umgeben, durch welche der Mond hervortritt. Ebenso. 1867. 8.

### Meno Mühlig.
1364. Zwei Kinder im Walde füttern ein junges Reh. Kleines Genrebildchen in Oel. Ausgeführt auf Leinwand. kl. qu. fol.

### J. Führich.
1365. Gruppe aus dem Triumphzug Christi. Nach Führich. qu. fol.

### Hans Williard.
1366. 4 Bl. Landschaften und Architekturen. Aquarellskizzen und Bleistift. fol. qu. fol.

### H. Krabbes.
1367. Motiv aus dem Harz. Hübsche Aquarelle. kl. fol.
1368. Schweizerlandschaft mit dem Wetterhorn. Ausgefülirte Aquarelle. fol.

### Convolute.
1369. 10 Bl. Figürliche und landschaftliche Zeichnungen von M. G. Jentsch und Gebauer in Kopenhagen.
1370. 11 Bl. Ein Skizzenbuch mit diversen landschaftlichen Prospekten von J. Faber. Bleistift. qu. fol.
1371. 10 Bl. Landschaften und Köpfe von verschiedenen Künstlern, darunter auch ein Blatt von Ludwig Richter. Bleistift und Oel.

### J. F. van Deventer.
1372. Gebirgslandschaft mit Hütten unter Bäumen und einem Bach im Vorgrund. Mit dem Namen 1848. Hübsch ausgeführt in Sepia.

### J. C. W. Dreibholtz.
1373. Marine mit Barken im Vorgrund. Mit dem Namen. Sepia und Tusche. qu. 4.

### B. van Hove.
1374. Eingang zu einer Stadt, im Hintergrund eine Kirche. (Die Franciskaner-Kirche zu Düsseldorf.) Mit dem Namen. Schöne Aquarelle. kl. qu. fol.

## P. van Sande-Bakhuysen.

1375. Landschaft mit Kühen auf der Weide, rechts hinter einem Wasser ein Gehölz. Mit dem Namen. Ausgeführt in Sepia und Tusche. qu. fol.

## J. Kobell.

1376. Vordertheil einer schlafenden Kuh. Geistvoll in Rothstein. gr. 4.

## D. Knip.

1377. Holländische Landschaft mit zwei Bauernhütten. Aquarelle. qu. 4.

## P. van Os.

1378. Ruhende Kuh auf der Weide. Mit dem Namen 1835. Hübsch ausgeführt in Tusche und Sepia. qu. 4.

## A. Waldorp.

1379. Holländische Kanalansicht mit Barken. Mit dem Namen. Ausgeführt in Sepia.

## Stroebel.

1380. Treppenhalle eines Palastes, im Thor eine Frau mit Kind. Mit dem Namen 1853. Ausgeführt in verschiedenen Tuschen. fol.

## W. Verschuur.

1381. Kopf eines Pferdes. Mit dem Namen 1836. Lebendig in farbiger Tusche. kl. fol.

## J. H. van Grootvelt.

1382. Ein Mann mit Lampe im Fenster, er lüftet die Mütze, während ein Mädchen im Begriff ist das Fenster zu schliessen. Mit dem Namen 1846. Sorgfältig ausgeführt in Tusche. fol.

## O. Achenbach.

1383. Italienische Landschaft. Felsiges bewachsenes Terrain, im Vorgrund ein Jäger. Mit dem Namen 1849. Hübsch ausgeführt in Bleistift. qu. 8.

## F. Seidel.

1384. Flache Landschaft mit Gebüsch und Gewässer im Vorgrund. Mit dem Namen 1852. Kreide. qu. 4.

## A. J. van Wyngaerdt.

1385. Sonnenuntergang. Landschaft. Stimmungsvoll in Kreide und Sepia. Mit dem Namen. qu. fol.

## W. Bodemann.

1386. Gehölz-Studium. Kreide. Mit dem Namen. qu. fol. Etwas fleckig.

1387. Studium alter entlaubter Bäume. Kreide. Mit dem Namen 1839. gr. fol.

### Bron.
1388. Landschaft mit ruhendem Wanderer unter zwei Bäumen. Sepia. Mit dem Namen. qu. 8.

### W. v. Kaulbach.
1389. Kopf eines jungen Mädchens. Geistvoller Bleistiftentwurf. 8. Auf der Rückseite Corquis.

### C. Heideloff.
1390. Der Tod des heil. Joseph, nach einer reichen gothischen Sculptur. Feder. Mit dem Zeichen 1840. gr. 4.

### J. Bosboom.
1391. Altes holländisches Herrenhaus an einem Kanal. Ausgeführt in Sepia. Mit dem Namen. fol.

### Ch. Leickert.
1392. Eingang zu einer Stadt, zur Rechten ein Kanal. Wirkungsvoll in Sepia und Tusche. Mit dem Namen. qu. fol.

### J. Joyant.
1393. Kanalpartie mit Palästen, aus Venedig. Aquarelle. Mit dem Namen. kl. fol.

### A. Leu.
1394. Oede Gebirgslandschaft mit einer kleinen Wasserpumpe in der Mitte und einer Hütte rechts vorn. In Aquarellfarben auf grauem Papier. Mit dem Namen 1849. gr. qu. fol.

### C. Rochussen.
1395. Windmühle an einem Kanal. Hübsch in Tusche und Sepia. Mit dem Namen 1842. gr. 8.

### A. Achenbach.
1396. Seestrand zur Ebbezeit mit Fischern und Barken. Schön und geistvoll in farbiger Tusche ausgeführt. Mit dem Namen 1849. qu. 4.

### W. J. van der Bergh.
1397. Gebirgsthal mit Tannen und Gewässer. Sehr hübsch ausgeführt in Sepia. Mit dem Namen. qu. fol.

### Eug. Ciceri.
1398. Partie aus Rom? Sorgfältig in farbiger Tusche auf blauem Papier. 8.

### W. Roeloffs.
1399. Zwei Mädchen bei einer Weidengruppe an einem Fluss. Ausgeführt in Tusche und Sepia. Mit dem Namen 1846. kl. qu. fol.

## Aug. Seidel.
1400. Wilder Gebirgsbach mit felsiger Umgebung. Schön in Bleistift, gewischt und in farbiger Tusche auf Papier pelée. Mit dem Zeichen 1851. kl. qu. fol.

## R. van Haanen.
1401. Landschaft mit einem Gehölz. Schön in Sepia und Tusche. Mit dem Namen 1863. gr. fol.

## J. A. Breuhaus de Groot.
1402. Seestrand mit altem, zur Ausbesserung gestelltem Kahn. Schön in Tusche und Sepia. Mit dem Namen. qu. fol.

## B. P. Ommeganck.
1403. 2 Bl. Ruhende Kuh und grasendes Schaf. Tusche. qu. fol. qu. 4.
1404. 5 Bl. Thiere und Landschaften. Studien. Kreide. fol. qu. fol.

## J. F. Hoppenbrower.
1405. Die Windmühle auf dem Hügel über dem Fluss. Sepia. Mit dem Namen 1853. qu. fol.
1406. Herbstlandschaft mit holzlesendem Bauernpaar an einem Teich. Rechts hinter einem Hügel eine Bauernhütte. Hübsch in Sepia und Tusche. Mit dem Namen. qu. fol.

## J. Weissenbach.
1407. Nachtstück. Marktscene in einer holländischen Stadt. Aquarelle. Mit dem Namen. kl. qu. fol.
1408. Winterlandschaft. Kanal mit Schlittschuhfahrern. Schön in Sepia, Tusche und weiss gehöht. Mit dem Namen 1866. kl. qu. fol.

## S. Verveer.
1409. Altes Schloss an einem Fluss, mit Figurenstaffage. Ausgeführt in Sepia und Tusche. Mit dem Namen 1842. qu. fol.
1410. Hütten an einem Kanal, auf welchem ein Segelfahrzeug. Aquarelle. Mit dem Namen. qu. 4.
1411. Mondnacht. Vorn ein Wasser, hinten ein altes Schloss, zwischen Bäumen rechts eine Hütte. Sepia. Mit dem Namen. qu. 8.

## P. E. Dielmann.
1412. Stehendes Schaf im Freien. Sorgfältig in Kreide und Bleistift. Mit dem Namen 1843. qu. 4.
1413. Ruhendes Schaf. Ebenso ausgeführt 1843. qu. 4.

## B. C. Koekkoek.
1414. Landschaft mit ruhender Heerde. Aquarelle von anmuthiger, heiterer Stimmung. Mit dem Namen. qu. 4.
1415. Kirchdorf am Seestrand. Kreideskizze. qu. fol.

### E. A. Rietschel.
1416. Ansicht von der Küste bei Alexandrien mit dem Fort. Schön in Aquarell. qu. fol.

### J. van Ravenswaay.
1417. Kühe und Schafe auf der Weide. Vorzüglich in Tusche ausgeführt. Bezeichnet mit dem Namen. qu. fol.

### A. Schelfhout.
1418. Winteransicht eines an einer Stadt gelegenen Kanales, vorn einige Bote im Eise und Staffage. Trefflich in Tusche und Sepia. qu. fol.

### B. C. Koekkoek.
1419. Flache Winterlandschaft mit einer von Weiden eingefassten Strasse und Staffage von Soldaten. In Feder und Tusche sehr fein behandelt. qu. fol.

### A. Braakman.
1420. Landschaft mit einem Waldeingange und einer Wassermühle links. Lebendig in Feder und Sepia. Bez. qu. fol.

### W. Gruyter.
1421. Ruhige See mit Fischerboten. Ausgeführt in Tusche und Sepia. 4.

1421 a. Fischerbote auf leicht bewegter See in der Nähe des Ufers. In Tusche und Farben vorzüglich ausgeführt. qu. fol.

### G. van Os.
1422. Ein sitzender und ein stehender Bauer. Geistreich in Sepia. Bez. 4.

### A. Prins.
1423. Ein holländisches Zimmer mit drei Frauen und einem Manne. Schön vollendet in Aquarell. qu. fol.

### R. Crayvanger.
1424. Ein Geistlicher am Studirtisch, neben ihm ein Globus. Vorzüglich in Tusche und Sepia. Bez. 1834. fol.

### P. J. Schotel.
1425. Ruhige See mit Schiffen und Fischerboten bei einem Hafendamm. Ganz vorzügliche Zeichnung in Feder und Tusche. Bez. gr. qu. fol.

### M. Schouman.
1426. Fischerbote an der Küste, welche zum Auslaufen fertig gemacht werden; auf der See ein salutirendes Kriegsschiff. Vollendet in Feder, Tusche und Sepia. qu. fol.

### W. Hendriks.
1427. Ein mit Bäumen besetzter Dorfweg, vorn eine Hütte,

vor welcher Stroh von einem Wagen geladen wird.
Schöne Aquarelle. qu. fol.

### P. Barbiers.

1428. Landschaft mit einer Wassermühle im Mittelgrunde, rechts ein Bauer und eine Bäuerin bei einem Stege über einen Bach. Ausgeführte Aquarelle. gr. fol. Etwas fleckig.

### M. A. Koekkoek.

1429. Baumreiche Landschaft mit zwei Bauern und zwei Kühen am Wasser. Vorzüglich in Tusche und Sepia ausgeführt. qu. 4.

### F. J. van den Blyk.

1430. Seegelbote auf bewegter See, über welche schwere Wolken heraufziehen. Trefflich in Tusche und Sepia vollendet. Bez. qu. fol.

### Albrecht Adam.

1431. Aufnahme der Schlacht von Borodino. Feder und Tusche. Bez.: „Bei Borodino am 7. September." qu. fol.

### F. Londonio.

1432. Eine stehende Eselin mit einem Sattel, und ein liegendes Eselfüllen. Kreide auf braunes Papier. qu. fol.

### P. P. G. Noel.

1433. Landschaft mit Bauern und einer kleinen Heerde. Schön in Feder und Tusche. 4.

### Carl Werner.

1434. Einer der Seitenaltäre im Dom zu Regensburg. Tusche u. Sepia. fol.

### J. P. Hackert.

1435. Ansicht der Wasserfälle und der Villa des Mäcen zu Tivoli, im Vorgrunde italienische Hirten und Heerde. Ausgeführt in Feder und Sepia. Bez. 1772. gr. qu. fol.

### Benvenuto Cellini.

1436. Tritonen im Kampfe um Nymphen. Feder, Tusche und gehöht auf braunes Papier. qu. fol. Aus Kirschbaum's Sammlung.

### A. Altdorfer.

1437. Bergige Landschaft mit hohen Bäumen vorn. Schöne Federzeichnung mit der Jahrzahl 1515. kl. fol.

### Johann van Achen.

1438. Allegorische Darstellung der Parzen. Curriculum vitae Christianae. Ganz vorzügliche Zeichnung in Feder, Tusche und gehöht. Rund fol. Darunter Verse und der Name. Nebst einem schönen Abdrucke des Stiches darnach von Aeg. Sadeler.

### J. J. Cossiau.
1439. Weite Landschaft mit Getreideernte, vorn reiche Staffage, nach P. Breughel. Rothstein auf blaues Papier. qu. fol.

### Barend van Orley.
1440. Das Gastmahl des Herodes mit dem Tanz der Herodias. In Feder und Bister ausgeführte, schöne Zeichnung zu einem Glasgemälde, mit der Jahrzahl 1562. fol. Aus Sir Thomas Lawrence's Sammlung.

### Hans Burgkmair.
1441. Ein König im Krönungsornate auf einem Throne sitzend, oben zu beiden Seiten Engel als Wappenhalter. Sehr schön in Feder und Farben. fol.

### Arend van Gelder.
1442. Tobias verlässt mit dem Engel das väterliche Haus. Vorzügliche Federzeichnung. qu. fol.

### M. Zorgh.
1443. Eine singende Frau und zwei zuhörende Bauern an einem Tische. Sehr schön in Feder und Bister. 4.

### J. Rottenhamer.
1444. Allegorie mit den christlichen Tugenden links vorn, und einer Bacchischen Scene im Mittelgrunde. Geistreich in Feder und Tusche. qu. fol.

### B. M.
1445. Das Urtheil des Salomo. Ausgeführte alte Federzeichnung nach dem bekannten seltenen Stiche des Meisters. qu. 4.

### Urs Graf.
1446. Abraham wird von dem Engel verhindert Isaac zu opfern. Kräftige, sehr schöne Zeichnung in Feder und Tusche. Bez. mit dem Monogramm des Meisters. fol. Etwas fleckig.

## Handzeichnungen.
### Aeltere Meister.

### J. Boudewyns.
1447. Baumreiche Landschaft mit einem Monument an einem Flusse. Rothstein. qu. fol.
1448. Hügelige, mit Bäumen und Gebäuden besetzte Landschaft. Ebenso. qu. fol.

## J. Haverman.
1449. Ein grosser Blumenstrauss in einem Glase auf einem Marmortische. Trefflich in Gouache ausgeführt. fol. Aus Ploos van Amstel's Sammlung.

## Crispin de Passe.
1450. 2 Bl. Der Tod und die Himmelfahrt der Maria. Fein in Feder und Tusche. 8. Zu den Stichen des Meisters.
1451. Die sitzende Schmerzensmutter mit dem Schwerte in der Brust. Vorzüglich in Feder und verschiedenen Tuschen. Mit dem Monogramm. fol.

## Jan Pynas.
1452. Landschaft mit italienischen Ruinen und biblischer Staffage. Sehr schön in Feder und Fusche. Bezeichnet Jan Pynas fe. Romae 1615. qu. fol. Sehr interessante Zeichnung des als der Lehrer Rembrandt's bekannten Meisters.

## Marcus Geerards.
1453. Christus bei Maria und Martha. Schön vollendete Zeichnung in Feder und Bister. Bez. qu. fol.

## Jan Asselyn.
1454. Ansicht italienischer Gebäude. Geistreich in Tusche. qu. fol.
1455. Die Ruinen eines römischen Thurmes. Bister. fol.

## Antonio Balestra.
1456. Maria geht zum Tempel. Reiche Composition in Feder, Bister und gehöht. Bez. gr. qu. fol.

## Peter Molyn.
1457. Eine Landstrasse mit einem Bauernwagen. Selten, schöne Federzeichnung. qu. fol.

## F. Wyatt.
1458. Flusslandschaft mit bergigen Ufern und Staffage. Gut in Feder und Farben. qu. fol.

## G. Zegelaar.
1459. Der Stern der heil. drei Könige. Geistreich in Feder und Bister. gr. fol.
1460. Interieur mit einer jungen Dame, welche einer älteren einen Brief zeigt. Ausgeführt in Tusche. Bez. gr. fol.
1461. Interieur mit einem jungen Manne, welcher einem Mädchen die Noten umwendet. Ebenso. gr. fol.
1462. Eine Tänzerin und Musicirende in Watteau's Geschmack Umriss in Tusche. qu. fol.

### B. Breemberg.
1463. In den Ruinen des Colisseums in Rom. Schön in Feder und Bister. Bezeichnet 1627. fol.
1464. Römische Ruinen. Ebenso. Bezeichnet In Roomen 1622. fol.
1465. Aehnliche Ruinen. Ebenso behandelt. fol.

### Franz Clouet, gen. Janet.
1466. Brustbilder zweier Mädchen mit einfachem Haarschmuck und Perlenschnüren um den Hals. Treffliche Zeichnung in Feder und Tusche. 4.

### Claas Moyaert.
1467. Christus erscheint der Maria als Gärtner. Schön ausgeführte Tuschzeichnung. (Wahrscheinlich nach Rembrandt). fol.

### P. van Bloemen.
1468. Eine Bettlerin mit zwei Kindern. Tusche. 4.
1469. Ein Pferdekopf. Kreide. 4.

### Borrilli.
1470. Eine von einem Flusse durchschnittene, felsige Landschaft mit Staffage. Ausgeführt in Sepia. Bez. qu. fol.

### J. Ligozzi.
1471. Die Unschuld von den Leidenschaften angefallen. Allegorie. Schön in Feder, Tusche und weiss gehöht auf gelbem Grunde. fol.

### A. Pynacker.
1472. Landschaft mit Gebäuden. Geistreich in Tusche. qu. fol.
1472 a. Landschaft mit einem Hohlweg zwischen Ruinen. Ebenso. qu. fol.

### Baccio Bandinelli.
1473. Ein stehender nackter Mann. Schön in Kreide. fol.

### J. de Gheyn.
1474. Ein zeichnender alter Mann an einem Tische. Geistreiche Federzeichnung. 4.

### Franz Snyders.
1475. Ein Tisch und Gefässe mit vielen Fischen, Austern, Schildkröten u. s. w. Federzeichnung. qu. fol.

### A. Rademaker.
1476. Landschaft mit einem gewundenen Flusse mit baumreichen Ufern und Staffage. In Gouache sehr schön ausgeführt. Bez. 4.

## J. Esselens.
1477. Ein breiter Fluss mit Schiffen. Schön in Kreide und Tusche. qu. fol.

## Esajas van de Velde.
1478. Eine Dorfgasse mit Staffage. Sehr schön in Kreide und Bister. 4.

## A. Boscoli.
1479. Ein König kniet vor dem Throne des Papstes. Geistreich in Feder und Bister. Bez. kl. fol.
1480. Eine Frau überreicht dem Pabste einen Plan. Bez. kl. fol.

## A. van Dyck.
1481. Studium zweier Füsse. Vorzüglich in verschiedenen Kreiden. gr. qu. fol.

## J. van der Meer van Harlem.
1482. Eine bergauf sich ziehende, mit Bäumen besetzte Landschaft. Schön in Bleistift. qu. fol.

## C. van Holsteyn.
1483. Ein Zug von Bacchuskindern mit einer Ziege. Schöne Tuschzeichnung. qu. fol.

## Andreas Both.
1484. Die Predigt Johannes des Täufers. Treffliche, geistreiche Federzeichnung. qu. fol.
1485. Die Anbetung der Hirten. Ebenso. qu. fol.
1486. Ein Concert von phantastischen Thieren. Ebenso. qu. fol.

## G. van Eeckhout.
1487. Ein Prediger auf der Kanzel. Geistreich mit der Feder. 4.

## A. van de Velde.
1488. Studien von Kühen. Vorzüglich in Kreide. qu. fol.

## G. Flink.
1489. Brustbild eines schreibenden jungen Mannes mit einem Barett. Geistreich mit der Feder. 4.

## F. Milet.
1490. Flusslandschaft mit Tobias und dem Fisch. Schön in Feder und Bister. qu. fol.
1491. Waldige Landschaft mit der Predigt des Johannes. Ebenso. qu. fol.

## Cornelius Sachtleven.
1492. Ein kniender Mönch mit dem Crucifix in den erhobenen Händen. Vorzügliche Kreidezeichnung. Bez. 1630. fol.
1493. Ein sitzender Mann mit Pelzmütze. Ebenso. Bez. 1668. fol.

1494. Fünf Affen. Ebenso, auf Pergament. qu. fol.
1495. Ein stehender Bauer. Kreide. fol.
1496. Ein Mann, welcher einen Korb trägt. Kreide und Tusche. fol.

### S. de Vlieger.
1497. Ansicht des über eine Brücke führenden Einganges in ein altes holländisches Schloss. Sehr schön in Feder, Kreide und Tusche ausgeführt. qu. fol.

### J. Breughel.
1498. Bauernwagen auf dem von Bäumen umgebenen Platze vor einem Wirthshause. Trefflich in verschiedenen Tuschen. kl. qu. fol.
1499. Weite Landschaft mit einer Stadt im Mittelgrunde, vorn entlaubte Bäume. qu. fol. Ebenso.
1500. Aus dem Wasser auffliegende Wildenten. Feder. qu. fol.
1501. Drei Gänse. Ebenso. qu. fol.
1502. Alte Baumstämme an einem Felsenabhange, auf der Rückseite zierliche Pflanzenstudien. Vorzüglich in Feder und Bister. qu. fol.
1503. Ein ähnliches Studium, auf der Rückseite Figuren. Ebenso. gr. 8.

### Rachel Ruysch.
1504. Interieur mit einer stickenden Dame am Tische. Sehr schön in Kreide und gehöht auf blauem Papier. fol.

### Benedetto Castiglione.
1505. Eine ziehende Heerde. Geistreiche Rothsteinzeichnung. qu. fol.
1506. Orientalische Halbfigur mit einem Turban. Kreide auf braunem Papier. 4.
1507. Aehnliche Halbfigur. Desgl. 4.

### A. Carracci.
1508. Eine von einem Fluss durchschnittene Landschaft, vorn ein hoher Baum und ein Wanderer. Sehr schön in Bister und gehöht. kl. fol.

### Johann Elias Ridinger.
**Von vorzüglicher Ausführung und Erhaltung.**
1509. Halbfigur des Meisters selbst, auf einen Baumstamm gelehnt, mit der Flinte in der Hand. Rothstein. fol.
1510. Eine sitzende Meerkatze. Kreide. fol. Auch vom Künstler radirt, wie die meisten Folgenden.
1511. Die bartichte Meerkatze. Kreide. fol. Nebst der Radirung. Th. 1091.
1512. Eine Ruine mit einem Leoparden, welcher ein Huhn

zerreisst. Vollendet in Feder und Sepia. Bez. Joh. Elias Ridinger del. 1758. Vindel. kl. fol.
1513. Landschaft mit einem auf dem Rücken liegenden Löwen. Ebenso. Bez. J. E. Ridinger del. ad. viv. 1760. m. febr. qu. fol.
1514. Die Löwin mit den Jungen im Käfig. Trefflich in Feder und Tusche. Auf der Rückseite eine 7 Zeilen lange Beschreibung. qu. fol.
1515. Landschaft mit einem Fuchs, welcher ein Huhn zerreisst. Vorzügliche Tuschzeichnung. kl. fol.
1516. Landschaft mit zwei Hunden, welche um einen todten Hasen streiten. Ebenso. kl. fol.
1517. Ein prachtvoller Hirsch im Walde. Ebenso. Bez. Johann Elias Ridinger del. 1757. kl. fol.
1518. Die Landschaft mit dem sich todt stellenden Fuchs, der Eule und den Wildgänsen, oder die 17. Thierfabel. Vollendet in Rothstein. fol. Nebst dem sehr seltenen Stiche danach von M. E. Ridinger. Th. 781.
1519. Landschaft mit einem Hunde bei einem grossen Baume. Vorzüglich in Feder, Tusche und gehöht auf blaues Papier. Bez. Joh. El. Ridinger del. 1766. fol.
1520. Die Wolfsgrube. Ausgeführt in Feder und Tusche, nebst einer langen Beschreibung darunter, von des Künstlers Hand. Bez. J. E. Ridinger fec. 1748. Jan. Zur Radirung Th. 41. qu. fol.
1521. Ein Wald in welchem ein Jäger, von den Hunden umgeben, einen an einem grossen Baumstamme aufgehängten Hasen ausweidet. Ganz vorzüglich in Feder und Sepia. Bez. Johann Elias Ridinger inv. et del. 1758. — Zur Radirung Th. 99. fol. Ein Capitalblatt.
1522. Viele Studien von Hunden und Füchsen auf einem Blatte. Feder und Tusche. Bez. Ridinger. gr. qu. fol. Zu den Radirungen, von denen 4 Bl. Th. 741—744 in schönen Abdrücken beiliegen.
1523. Ein Wald mit einem grossen Elephanten, welcher ein Rudel Füchse zertritt, oder die 7. Thierfabel. Ganz ausgeführte Aquarelle mit der Unterschrift: „Die Rache eines niedrigen an einem mächtigern ist schädlich." Treffliche, vollendete Aquarelle. fol. Nebst dem Stiche danach Th. 771.
1524. Ein liegender Hund und zwei Hundefüsse. Kreide. 4.
1525. Zwei über einander gestürzte Hunde und ein Hundekopf. Bez. mit Monogramm und 1720. Ebenso. qu. fol.
1526. Ein stehendes Kameel. Kreide auf blaues Papier. qu. fol.

1527. Ein springendes, geschecktes Pferd in einer Landschaft. Sehr fleissig in Oelfarben auf Pergament. kl. qu. fol.
1528. Ein an einer Felswand stehender nackter Mann mit erhobenen Armen, in der linken Hand einen Dolch haltend. Sehr ausgeführt in Rothstein. fol.
1529. Eine hitzige Reiterschlacht. Ausgeführt in Tusche. Bez. Joh. Elia. Ridinger inv. et del. a. 1721. gr. qu. fol.

### Abraham Frank.
1530. Zwei Fürsten von Kriegern und Alten umgeben. Schön in Feder und Bister. qu. fol.

### J. van der Does.
1531. Altes römisches, mit Büschen bewachsenes Mauerwerk. Schön in Bister. qu. fol.

### Luca Cambiasi.
1532. Die heil. Familie. Geistreicher Federentwurf. qu. fol.
1533. Ein knieender Hirt. Ebenso. kl. fol.

### Titian Vecelli.
1534. Das Martyrthum der hh. Petrus und Paulus. Schöne ältere Bleistiftzeichnung nach dem leider vom Feuer vernichteten berühmten Bilde des Meisters. fol.

### D. Crespi.
1535. Ein stehender Heiliger. Tusche und gehöht auf blauem Papier. kl. fol.
1536. Ein stehender Bischof mit ausgebreiteten Armen. Ebenso. kl. fol.

### J. van Goyen.
1537. Kahle, hügelige Landschaft mit Staffage. Kreide. qu. fol.

### C. Bega.
1538. Eine sitzende Frau in der Küche. Gut in Feder und Tusche. 8.
1539. Eine stehende Bäuerin mit einem Korbe. Ausgeführt in Rothstein. fol.
1540. Ein weiblicher Kopf mit einem Kopftuche. Ebenso. gr. qu. 8.

### Polidoro.
1541. Ein öffentlicher Redner von vielem Volke umgeben. Feder und Tusche. gr. qu. fol.

### A. Bloemaert.
1542. Christus auf dem Wege nach Emaus. Geistreicher Federentwurf. kl. qu. fol.
1543. Drei sitzende Frauen. Kreide, Bister und gehöht. 4.

## W. de Heusch.
1544. Ansicht Römischer Ruinen mit Staffage. Geistreich in Feder und Bister. fol.

## J. van der Meer de Jonghe.
1545. Ansicht eines Kanals und seiner Ufer im Winter, mit hübscher Staffage. Ganz vollendet in Farben. Bez. J. v. der Meer de Jonge p. 1705. qu. fol. Ein vorzügliches Blatt.

## Caspar Netscher.
1546. Eine Gruppe von acht Kindern in einem Garten. Trefflich in Feder und Tusche. fol.

## Michel Angelo Buonarotti. (Nach ihm).
1547. Der sitzende Moses. Aeltere Rothsteinzeichnung. kl. fol.
1548. Liegende weibliche Figur, der Morgen. Von den Grabmälern der Mediciäer in Florenz, wie die Folg. Ebenso. fol.
1549. Liegende männliche Figur, der Tag. Ebenso. qu. fol.
1550. Dieselbe, in schöner Verkürzung gesehen. Ebenso. fol.
1551. Liegende männliche Figur, der Abend. Ebenso. qu. fol.
1552. Dieselbe. Aeltere Zeichnung in Feder und Tusche. kl. qu. fol.
1553. Liegende weibliche Figur, die Nacht. Aeltere Rothsteinzeichnung. qu. fol.

## Chr. Gottfr. Seybold.
1554. Ein Ornament aus den Bogen des Vatican nach Raphael. Schön in Feder und Farben. Bez. 1706. Eine Ecke defect.

## Unbekannt.
1555. Der kniende heil. Norbert, Erzbischof von Magdeburg, welchem zwei Engel mit einer Monstranz erscheinen. Ausgeführt in Farben. fol.
1556. Danaë empfängt den goldenen Regen. Feder und Tusche. qu. 8.
1557. Mars und Venus auf dem Ruhebett sitzend, und Amor. Ausgeführt in schwarzer und weisser Kreide auf blauem Papier. qu. fol.
1558. Die liegende unbekleidete Diana. Rothstein. qu. fol.

## L. Kilian.
1559. Portrait eines älteren Mannes mit Halskrause, in ovalem Rahmen. Farbige Kreiden. 8.

## H. Schorer.
1560. Die Verkündigung Mariä. Reiche Composition in Tusche und gehöht, schön vollendet. fol.
1561. Amor mit Pfeil und Bogen auf einer Wolke. Feder und Tusche. 4.

### Raphael Santi. (Nach ihm.)

1562. 2 Bl. Die heil. Cäcilie und die heil. Magdalena, nach dem Bilde in Bologna. Feder und Tusche, quadrirt. fol.

1563. Die Gruppe der sich Rettenden aus dem Burgbrande. Gute, ältere Rothsteinzeichnung. fol.

### Raphael Vanni.

1564. Maria mit dem Kinde in einer Engelsglorie erscheint mehreren Heiligen. Vorzügliche Zeichnung in Feder, Bister und gehöht. fol. Aus J. P. Zoomer's Sammlung.

### J. de Grave.

1565. Landschaft mit einer Schafheerde bei einem kleinen Wasserfall. Schön in Kreide und Tusche. Bez. gr. qu. 8.

1566. Entwurf einer Landschaft. Ebenso. qu. 8.

### Hans Bol.

1567. Eine Landschaft, in welcher mehrere mit Bäumen besetzte Wege zu einer im Mittelgrunde sich bergauf ziehenden Stadt führen. Vorzüglich in Feder und Tusche. Bez. Hans Bol. qu. fol.

### W. Nieulant.

1568. Römische Ruinen. Feder und Tusche. gr. qu. fol.

### S. Ruysdael.

1569. Eine Landstrasse, welche auf der einen Seite von Häusern, auf der anderen von einem Kanal begrenzt wird. qu. fol.

1570. Ein von altem Mauerwerk und Planken eingefasster Weg. Ebenso. qu. fol.

### Albrecht Dürer.

1571. Christus als Knabe im Tempel. Alter Federumriss nach dem bekannten Holzschnitte aus dem Leben der Maria. fol.

### Tobias Stimmer.

1572. Die Rückkehr des verlorenen Sohnes. Geistreiche Federzeichnung. kl. fol.

### J. W. Beck.

1573. Ein Halt von Reitern vor einer Marketenderhütte nach Ph. Wouwerman. Ausgeführt in Sepia. Bez. 1731. gr. qu. fol.

1574. Lastpferde und Waaren an einem Ufer, an welchem Kähne beladen werden, nach Demselben. Ebenso. Bez. 1731. gr. qu. fol.

### Anton Raphael Mengs.

1575. Studium männlicher Figuren. Sehr geistreich in Rothstein. gr. fol.

### G. Schalken.
1576. Eine sitzende Dame mit einem Papagei auf der Hand. Schön in schwarzer und weisser Kreide auf blaues Papier. gr. fol. Etwas berieben.

### A. Blootelingh.
1577. Die Büste des holländischen Admirals Jan Evertsen in allegorischer Umgebung. Sehr schöne Zeichnung in Feder und Papier. gr. fol.

### P. J. Parrocel.
1578. Maria mit dem Kinde. Kreide. kl. fol.

### Cornelius Visscher
1579. Cimon trinkt an der Brust seiner Tochter Pero. Ausgeführte Kreidezeichnung. fol.

### N. Verkolje.
1580. Eine Gesellschaft am Tische. Rothsteinumriss. qu. .fol.
1581. Zwei Damen und ein Herr, welche musiciren. Ebenso.
1582. fol.
Zwei Herren und eine Dame mit einer Violine. Ebenso. fol.

### H. Fragonard.
1583. Ein grosses Wasserbassin mit Fontaine in einem Garten. Schön in Rothstein. gr. qu. fol.

### M. Marcola.
1584. Der Sturz Saul's. Geistreicher Entwurf in Feder und Bister. fol.

### P. P. Rubens. (Nach ihm.)
1585. Die nackte Dejanira besteigt den Rücken des Centauren Nessus. Feder und Tusche. fol.

### J. Jordaens.
1586. Studie eines Satyrknaben. Kreide. fol.

### J. G. van Vliet.
1587. Männlicher Kopf mit einem Turban. Schwarze und weisse Kreide. 8.
1588. Männlicher Kopf mit Turban und Agraffe. Ebenso. 4.

### D. Teniers.
1589. Interieur mit kartespielenden Bauern. Rothsteinumriss nach einem Bilde. qu. fol.

### P. Quast.
1590. Ein Bauer caressirt eine neben ihm sitzende Frau. Schön in Kreide. 4.
1591. Eine Bäuerin mit einem Korbe auf dem Rücken. Bleistift. 8.

### Rembrandt van Rhyn.

1592. Der Tod erscheint einem mit aufgestütztem Kopfe dasitzenden Manne. Sehr geistreiche Federzeichnung. fol.
1593. Zwei Männer in einem Boot und einer am Ufer stehend. Ebenso. kl. 4.
1594. Biblische Darstellung. Ebenso. kl. 4.
1595. Der Engel weckt Petrus im Gefängniss. Geistreiche Federzeichnung. kl. 4.

### J. van der Ulft.

1596. Schöne baumreiche Landschaft mit Gebäuden, einem überbrückten Flusse und Staffage. Ganz ausgeführt in Aquarell. qu. fol. Ein Hauptblatt.

### Neuere Meister.
### W. Otto. († in Dresden.)

1597. Zwei sitzende Greise und ein stehender Jüngling in lebhafter Unterhaltung. Ausgeführt in Kreide. Bez. roy. fol.

### J. B. Schmelzer. (In Dresden.)

1598. Eine junge Dame in Maskenballcostüm, von ihrer Zofe bewundert, vor einem grossen Spiegel. Schön in Bleistift, Sepia und etwas Farbe ausgeführt. fol.

### C. Wagner († in Meiningen.)

1599. Landschaft mit einem Buchenwald am Ufer eines Baches. Geistreich in Sepia. Bez. qu. fol.

### D. J. van Vreumingen.

1600. Ein Kanalufer mit einer Windmühle und Staffage. Ausgeführt in verschiedenen Tuschen. Bez. in verso. kl. qu. fol.
1601. Bauernhütten mit Staffage an einem Flusse mit waldigen Ufern. Ebenso. Bez. in verso. kl. qu. fol.

### D. van Lockhorst.

1602. Landschaft mit einer Hirtin und ihrer Heerde. Schön in Sepia ausgeführt. qu. fol.

### J. G. Pforr. († in Frankfurt a/M.)

1603. Ein Reitknecht bei vier gesattelten Pferden. Aquarelle. Bez. qu. fol.

### C. van Hardenberg.

1604. Ein Vogel von den Molukken auf einem Baumzweig. Ausgeführt in verschiedenen Tuschen. Bez. fol.

### H. Krabbes. (In Leipzig.)

1605. Ansicht von Riva am Gardasee mit dem darüber sich erhebenden Gebirge. Vorzügliche Aquarelle. Bez. 1868. qu. fol.

## A. A. Vermeulen.

1606. Schöne Landschaft mit dem Eingange in einen Wald, im Vorgrunde stehendes Wasser. Schön ausgeführt in Sepia. Bez. qu. fol.

## G. G. Haanen.

1607. Ein Treppenhaus mit einer Magd. Feder und Tusche. fol.
1608. Ein Holländisches Maleratelier mit zwei Künstlern. Sehr schön ausgeführte Tuschzeichnung. gr. fol.
1609. Eine Holländische Stube mit einer Frau, welche an einem Tische Blumen begiesst, und einem Knaben mit einem Hunde. Ebenso vollendet. Bez. gr. fol.
1610. Ein Boudoir mit einer sitzenden jungen Dame. Ebenso in verschiedenen Tuschen. fol.

## Peter Becker. (In Frankfurt a/M.)

1611. Ein romantisches, von Bergen eingeschlossenes Flussthal; am jenseitigen Ufer sieht man auf der Höhe eine Burg, vorn Staffage. Sehr geistreich mit der Feder und verschiedenen Tuschen. gr. qu. fol.

## W. Gruyter.

1612. Segelboote, Schiffe und Kähne am Seeufer. Vorzüglich in Sepia. Bez. qu. fol.

## J. S. Doyer.

1613. Die Schulknaben in verschiedenen Beschäftigungen an einem Tische. In Tusche vorzüglich ausgeführt. Bez. qu. fol.

## August Geist. († in München.)

1614. Ein Studium von Buchenstämmen. Bleistift. qu. fol.

## E. Lessore. (In Paris.)

1615. Ein sitzendes Mädchen mit einem Hund. Breit und geistreich behandelt in Aquarell. qu. fol.

## D. Donny.

1616. Ansicht von Frankfurt von der Mainseite bei Mondschein. Wirkungsvoll in Tusche und gehöht auf blaues Papier. Bez. qu. fol.

## A. Michelis. († in Weimar.)

1617. Sonnige Landschaft mit drei Büffeln im Schatten einer Weidengruppe. Sehr schön in Tusche. qu. fol.
1618. Ein breiter Weg durch einen Wald in Gewitterstimmung, vorn ein Reiter. Ausgeführt in Tusche und Farben. gr. qu. fol.
1619. Eine durch einen Waldsaum geschlossene Landschaft. Federzeichnung, zum Theil in Aquarell angelegt. Auf

der Rückseite eine Wiederholung in derselben Behandlung. gr. qu. fol.
1620. Flache Landschaft bei heftigem Regenwetter, in der Mitte ein Bauernwagen. Sehr geistreich in Tusche und Farben. qu. fol.
1621. Ein sonniger Weideplatz mit ruhenden Kühen. Ebenso in Aquarell. gr. fol.
1622. 5 Bl. Schöne Landschaftsstudien in Bleistift. qu. fol.

### A. van Beest.
1623. Ruhige See mit einem Dampfschiff und zwei Fischerbarken. Sehr schön in Sepia. qu. fol.
1624. Ein Seegelboot auf bewegtem Meere. Geistreich mit der Feder und verschiedenen Tuschen. qu. fol.

### P. Barbiers.
1625. Ansicht eines unter Bäumen gelegenen Dorfes mit Staffage. In Tusche und Sepia schön vollendet.

### L. Thiersch. (In München.)
1626. Gegend am todten Meere. Oelstudie nach der Natur. kl. qu. fol.

### Joh. Christian Reinhart.
1627. Italienische Landschaft mit einer Bogenbrücke über einen Fluss, rechts ein Tempel, links vorn eine grosse Baumgruppe und ein Hirt mit drei Kühen. Schön in Feder, Tusche und Rothstein. gr. qu. fol.
1628. Ein liegender Römischer Stier. Kreide und Sepia. kl. qu. fol.

### Daniel Fohr.
1629. Ein Flussthal im Bairischen Gebirge. In Bleistift und Farben nach der Natur. gr. qu. fol.

### Ernst Fröhlich. (In München.)
1630. Landschaft mit einem, an dem beschneiten Ufer eines Wassers knieenden Jäger, welchem ein Hund eine Wildgans apportirt. Schöne Aquarelle. qu. fol.
1631. Landschaft mit einem Jäger im Anstand auf Enten. Vorzüglich vollendete Bleistiftzeichnung. qu. fol.
1632. Landschaft mit wilden Tauben auf der Salzlecke. Ebenso trefflich vollendet. qu. fol.
1632a. Landschaft mit Jägern auf der Wachteljagd. Ebenso. qu. fol.

### B. van der Laar.
1633. Das Querschiff einer gothischen Kirche mit Staffage. Schön in Tusche ausgeführt. fol.

### J. J. Eeckhout.
1634. Eine Gartenterrasse mit einem Cavalier hinter dem Stuhle

einer sitzenden Dame mit einer Laute, zur Seite ein Hund und ein Pfau. Ausgeführt in Sepia. Bez. qu. fol.

### G. Busse. († in Hannover.)
1635. Ansicht einer Strasse in Florenz mit der Kirche Sta. Maria Novella. Sehr schön in Farben. Bez. qu. fol.

### Friedrich Preller. (In Weimar.)
1636. Baumpartie im Parke des Prinzen Doria in Albano. Schön mit der Feder nach der Natur. Bez. kl. qu. fol.
1637. Gegend am Monte Cavo. Bleistiftskizze. Bez. kl. qu. fol.
1638. Bergaussicht in der Nähe von Ariccia. Ebenso. Bez. 1829. kl. qu. fol.
1639. Hügelige Ansicht in der Campagna von Rom. Ebenso. Sehr schön in Bleistift. Auf der Rückseite desgl. und Figurenstudien. Bez. qu. fol.
1640. Das Capuzinerkloster St. Isidoro in Rom. Ebenso. Bez. qu. fol.
1641. Ein Fischerbot auf dem Ufer. Sehr schön in Bleistift. Bez. qu. fol.
1642. Ein gescheitertes Fischerboot. Ebenso. Bez. Ostende. qu. fol.
1643. Eine Windmühle bei Swinemünde. Ebenso. Bez. kl. qu. fol.
1644. Parthie bei Sagard auf Rügen. Ebenso. Bez. kl. qu. fol.
1645. Eine Eichenparthie am Strande von Rügen. Sehr geistreicher Entwurf in Sepia. qu. fol.

### A. Blaschnik.
1646. Eine Strasse in Palästrina. Schön ausgeführte Aquarelle. Bez. fol.

### August Löffler. († in München.)
1647. Papyrusstauden im Garten der Königin in Athen. Vorzügliches Naturstudium in Bleistift. qu. fol.
1648. Palmen im Garten der Königin in Athen. Ebenso. qu. fol.
1649. Ein Wald auf hügeligem Terrain. Fixirte Kohlenzeichnung. Bez. fol.

### A. Andriesen.
1650. Ein Waldeingang hinter Dünen, vorn Staffage. Schöne Tuschzeichnung. qu. fol.

### P. G. van Oos.
1651. Ein Wildpark im Winter mit einem Rudel Dammhirsche. Vorzügliche Aquarelle. gr. qu. fol.

### H. Karssen.
1652. Strasse in einer alten Holländischen Stadt mit einer Kirche. In Tusche vorzüglich ausgeführt. qu. fol.

## A. Calame.
1653. Landschaft mit einer oberschlächtigen Wassermühle, vorn zwei Bauern. Ganz ausgeführte Aquarelle, wie sie sehr selten vorkommen. Bez. A. Calame f. kl. qu. fol.

## F. Olivier.
1654. Ein jugendlicher männlicher Kopf. Vorzüglich in Bleistift. fol.
1655. Italienische Landschaft. Bleistift. kl. fol.
1656. Auf dem Mönchsberg in Salzburg. Ebenso. qu. fol.

## Otto Georgi. (In Dresden.)
1657. Landschaft mit einem liegenden schlafenden Löwen bei einer Aloestaude. Schöne Aquarelle. Bez. 1839. qu. fol.

## Peter von Cornelius.
1658. Eine Gruppe von drei Aposteln. Bleistift, aus früher Zeit. fol.
1659. Eine Gruppe von vier Aposteln. Ebenso. fol.
1660. Siegfried mit der Tarnkappe macht mit Gunther auf dem Rücken den Wettsprung. Sehr schön in Bleistift. kl. fol.

## Ludwig Richter. (In Dresden.)
1661. 7 Bl. Figurenstudien. Geistreich mit der Feder. 8.
1662. Eine Wassermühle in der Tiber. Bleistift. Bez. 1824. qu. fol.
1663. Ein Brunnen bei Castell Gandolfo mit hübscher Staffage. In Tusche und etwas Farbe. Bez. 1834. fol.
1664. Eine Allee von alten Linden bei Pillnitz. Bleistift. Bez. qu. fol.
1665. Ein unter einem Baum schlafender Mann, hinter ihm ein anderer mit einem Schwan, zu Bechstein's Mährchen „Schwan kleb' an". Vorzüglich in Bleistift. Bez. 8.

## Benno Fischer. († in Dresden.)
1666. Studium von grossen Blättern an dem Ufer eines Baches. Sehr ausgeführt in Feder und Sepia. Bez. qu. fol.

## A. Lapito. (In Paris.)
1667. Landschaft mit einer Mühle am Ufer eines Gewässers und Staffage. Ausgeführte, kräftige Aquarelle. Bez. qu. fol.

## F. J. van den Blyk.
1668. Ansicht eines Kanals mit vielen Böten in einer alten holländischen Stadt. Sehr schöne Tuschzeichnung. Bez. qu. fol.

## P. G. Westenberg.
1669. Ein Platz vor alten Giebelhäusern. Vorzügliche Tuschzeichnung. gr. fol.

### Chr. Aug. Günther. († in Dresden.)
1670. Das Innere eines dicht belaubten, von der Sonne durchschienenen Waldes mit einem lesenden Manne. Ausgeführt in Feder, Tusche und Farben. Bez. 1756. gr. qu. fol.

### C. Steffelaar.
1671. Ein Platz in einem hohen Tannenwald mit alten Holzhütten. Vorzüglich in Tusche. Bez. gr. fol.

### A. Burger. (In Frankfurt a/M.)
1672. Ein von Bäumen umgebenes altes Stadtthor mit Staffage. Geistreich in Feder, Tusche und leichter Farbe. Bez. 1866. qu. fol.
1673. Landschaft mit einer Bauernhütte an einem Bach. Ebenso in Aquarell. 4.

### B. H. Thier.
1674. Ein Ziegenbock mit grossen Hörnern, welcher über eine Planke sieht. Vorzüglich in Sepia ausgeführt. Bez. 4. Auch vom Künstler radirt.

### Jan van Ravenswaay.
1675. Landschaft mit einer an einem Flusse gelegenen Stadt. Gut in Tusche und Sepia. Bez. qu. fol.
1676. Eine Heerde am Ufer eines Kanals. Ebenso. 4.
1677. Alte Scheunen unter Bäumen. Schön in Bleistift. 4.
1678. Ein Bauernhaus unter Bäumen, vorn eine Heerde. Ebenso. kl. qu. fol.

### Joh. Christ. Erhardt.
1679. Ein stehendes angeschirrtes Zugpferd. Vorzüglich in Bleistift. 4.
1680. Der Zwerg und Maler Hoffmann in Nürnberg in ganzer Figur stehend. Ebenso. 4.

### J. Paling.
1680ᵃ· Ein junger Mann in altholländischer Tracht an einem Tische stehend. Ausgeführt in Aquarell. Bez. fol.

### E. Hasse. († in Dresden.)
1680ᵇ· Studien von Gänsen. Bleistift. qu. fol.
1681. Grosse schwarze Hühner und Küchlein. Vorzügliche Aquarelle. qu. fol.
1682. Ansicht des Schreckensteines bei Aussig in Böhmen von der Rückseite. Schön in Bleistift und Sepia. qu. fol.
1683. Ein Hirtenjunge treibt eine Gänseheerde durch ein Thor. Bleistift. 4.
1684. Eine Lichtung in waldiger Berggegend mit einem flüchtigen Rudel Hirsche. Sehr schöne Aquarelle. qu. fol.
1685. Studium eines Raubvogels. Schön in Bleistift. 4.

## W. Horstink.

1686. Landschaft mit einer an einem Waldeingange ruhenden Heerde, nach J. Ruysdael. Schön ausgeführt in Sepia und Tusche. Bez. qu. fol.

## A. Hoeting.

1687. Das Innere des Seitenschiffes einer grossen gothischen Kirche mit Staffage. Schön in Sepia vollendet Bez. fol.

## Joh. Adam Klein. (In München.)

1688. Eine Sägemühle im Stickelberger Thal bei Wiener Neustadt. Aquarelle. Bez. 1814. qu. fol.
1689. Ein sitzender, sich kratzender Hund, nach der berühmten Bronce von Peter Visscher sehr schön in Sepia und gehöht. Bez. 1829. 4.
1690. Portrait des Landschaftsmalers A. von Heydeck aus Dessau. Bleistift. Bez. 1837. 4.

## F. Marohn. (In Paris.)

1691. Soldaten und Mädchen auf einem Bauernhofe. Geistreiche Aquarelle. qu. 8.
1692. 4 Bl. Studien von Charakterköpfen. Geistreich in Bleistift. 4.

## J. M. Bilders.

1693. Baumreiche Landschaft mit der Aussicht auf einen Fluss. Tusche und Sepia. qu. fol.

## Chr. W. E. Dietrich.

1694. Die Anbetung der Könige. Schön mit der Feder in Rembrandt's Manier. qu. fol.
1695. Ein vor einem Crucifix knieender Einsiedler. Rothstein. qu. fol.
1695a. Einem am Boden liegenden Manne erscheint ein weiblicher Genius mit einer Fackel, von den Zeichen des Thierkreises umgeben. Geistreich in Feder und Bister. fol.
1696. Studienblatt mit zwei Mädchenköpfen. Hübsch in Bleistift. 4.

## A. Charpentier.

1697. Ein holländisches Interieur mit einem sitzenden Paare und einer horchenden Magd. Schön in Aquarell. qu. fol.

## A. Braakman.

1698. Ansicht eines Kanales mit flachen Ufern, rechts eine Fischerhütte und Staffage. Schön in Tusche und Sepia. qu. fol.
1699. Landschaft mit Reisenden, welche durch eine Furth gehen. Ebenso. qu. fol.

## E. Haberkorn.

1700. Ansicht aus dem Inneren des Regensburger Doms mit dem rechten Seitenaltar und Staffage. Ausgeführte Aquarelle. Bez. fol.

## J. Hantzsch. († in Dresden.)
1701. Ein sitzender, kartespielender Mann. Schön in Bleistift. Bez. fol.

## Jan Kobell.
1702. Studien von jungen Ziegen. Schön in Kreide auf Pergament. 4.

## W. Hendricks.
1703. Ein alter Strohschuppen mit Staffage davor. Schön in Tusche. qu. fol.

## J. van Stry.
1704. Ein sitzender Bauer. Schönes Studium in Sepia. fol.

## Jan Apeldoorn.
1705. Holzhäuser am Ufer eines Flusses. Feder und Bister. qu. fol.
1706. Eine Strasse in einem Dorfe. Feder und Tusche. qu. fol.
1707. Landschaft mit einem Bauernhause. Feder und Bister. qu. fol.
1708. Ansicht einer holländischen Stadt, im Vorgrunde Windmühlen. Ebenso. qu. fol.
1709. Landschaft mit einem Kalkofen links. Feder und Tusche. qu. fol.

## L. Dubourg.
1710. Christus und die Samariterin am Brunnen. Sehr ausgeführt in Rothstein. fol.

## K. Frenzel. (Aus Dresden.)
1711. Die alte Kirche im Dorfe Wahren bei Leipzig. Ausgeführte Aquarelle. kl. fol.
1712. Eingang in den Herrenhof ebendaselbst. Ebenso ausgeführt. kl. qu. fol.

## A. Ruytenschild.
1713. Eine sitzende Bäuerin. Kreide. Bez. fol.

## A. Stockviss.
1714. Zwei liegende Schafe und ein Widderkopf. Schön in Rothstein. qu. fol.
1715. Ruhende Schafe. Ebenso. qu. fol.

## P. Offermans.
1716. Ein Bauer und eine Bäuerin bei zwei Kühen. Bleistift. Bez. qu. fol.

## H. Ryckelykhuisen.
1717. Flache, von Wasser durchschnittene und mit Bäumen besetzte Landschaft. Gut in Sepia. Bez. qu. fol.

## Hendrik Kobell.
1718. Schiffe und Segelbarken auf ruhigem Wasser bei einem Hafendamme. Kreide und gehöht auf blaues Papier. gr. qu. fol.

### J. de Bruyn.
1719. Eine Melone, Weintrauben, Pfirsiche und andere Früchte auf einem Marmortische. Sehr ausgeführt in Aquarell. gr. fol.

### C. Hansen.
1720. Ein sitzender junger Mann mit einem Krug. In schwarzer und rother Kreide schön ausgeführt. fol.

### H. Elzer.
1721. Fischerboote auf leicht bewegter See in der Nähe des Ufers. Sehr schön in Feder und Sepia. Bez. 4.
1722. Ruhige See mit an der Küste liegenden Fischerböten. Ebenso. Bez. 4.

### H. van Oort.
1723. Eine Weide mit zwei Kühen, von denen eine gemolken wird. Tusche. fol.

### Chr. Henning.
1724. Ein Garten mit bunten Hühnern und Tauben. Schöne Aquarelle. 4.

### H. Spilman.
7152. Flache Landschaft mit einem Bach und Staffage. Feder und Farben. qu. fol.

### Convolute.
1725. 130 Bl. Biblische und religiöse Darstellungen. Verschiedene Manieren und Formate. Gut gehalten, wie alle Folgenden.
1727. 120 Bl. Aehnliche Darstellungen.
1728. 80 Bl. Mythologische Darstellungen.
1729. 80 Bl. Desgl.
1730. 130 Bl. Verschiedene Darstellungen, Historie, Genre, Köpfe u. s. w.
1731. 120 Bl. Desgl.
1732. 115 Bl. Desgl.
1733. 150 Bl. Männliche und weibliche Acte.
1734. 33 Bl. Ornamentale Darstellungen und Geräthe.

Druck von Leopold & Bär in Leipzig.

RUDOLPH WEIGEL'S KUNST-AUCTION IN LEIPZIG.

## Versteigerungspreise
### der
## Kunst-Auction vom 8. December 1869.

Wo unter den Limiten weggegangen, entsprachen die Gegenstände etc. nicht den Anforderungen meiner Herren Committenten. **Rudolph Weigel.**

| Nummer | Rt. | Ngr. | Nummer | Rt. | Ngr. | Nummer | Rt. | Ngr. | Nummer | Rt. | Ngr. |
|---|---|---|---|---|---|---|---|---|---|---|---|
| 1 | 25 | 12 | 34 | — | 2 | 67 | 7 | 20 | 100 | — | 2 |
| 2 | 1 | 28 | 35 | — | 12 | 68 | — | 2 | 101 | — | 10 |
| 3 | — | 12 | 36 | — | 16 | 69 | 8 | 5 | 102 | — | 4 |
| 4 | — | 2 | 37 | — | 2 | 70 | — | 20 | 103 | — | 5 |
| 5 | — | 1 | 38 | — | 2 | 71 | — | 9 | 104 | — | 4 |
| 6 | — | 27 | 39 | 22 | 1 | 72 | — | 14 | 105 | — | 5 |
| 7 | — | 1 | 40 | — | 10 | 73 | — | 28 | 106 | — | 21 |
| 8 | 1 | 21 | 41 | — | 4 | 74 | 4 | 10 | 107 | — | 2 |
| 9 | — | 4 | 42 | — | 16 | 75 | — | 1 | 108 | — | 4 |
| 10 | 1 | 9 | 43 | — | 23 | 76 | — | 6 | 109 | — | 2 |
| 11 | — | 1 | 44 | — | 4 | 77 | — | 4 | 110 | — | 4 |
| 12 | 1 | — | 45 | — | 2 | 78 | — | 26 | 111 | — | 4 |
| 13 | — | 16 | 46 | — | 5 | 79 | 4 | 10 | 112 | — | 14 |
| 14 | 103 | — | 47 | — | 3 | 80 | — | 1 | 113 | — | 3 |
| 15 | 105 | — | 48 | — | 4 | 81 | — | 4 | 114 | — | 1 |
| 16 | 2 | 2 | 49 | — | 4 | 82 | — | 10 | 115 | 1 | 8 |
| 17 | — | 2 | 50 | — | 11 | 83 | — | 13 | 116 | — | 2 |
| 18 | 7 | — | 51 | — | 4 | 84 | — | 5 | 117 | 20 | 10 |
| 19 | 7 | 16 | 52 | — | 3 | 85 | — | 4 | 118 | — | 4 |
| 20 | — | 22 | 53 | 2 | 10 | 86 | — | 3 | 119 | 3 | 8 |
| 21 | 12 | 20 | 54 | — | 4 | 87 | — | 4 | 120 | — | 3 |
| 22 | — | 1 | 55 | — | 3 | 88 | — | 3 | 121 | — | 2 |
| 23 | 2 | 3 | 56 | — | 15 | 89 | — | 3 | 122 | — | 4 |
| 24 | — | 4 | 57 | — | 22 | 90 | — | 5 | 123 | — | 2 |
| 25 | — | 4 | 58 | — | 4 | 91 | — | 9 | 124 | — | 2 |
| 26 | — | 4 | 59 | — | 4 | 92 | — | 11 | 125 | — | 8 |
| 27 | 2 | 4 | 60 | — | 2 | 93 | — | 5 | 126 | — | 4 |
| 28 | — | 15 | 61 | — | 4 | 94 | — | 5 | 127 | — | 5 |
| 29 | — | 13 | 62 | — | 4 | 95 | — | 5 | 128 | — | 4 |
| 30 | 1 | 1 | 63 | 1 | 23 | 96 | 1 | — | 129 | — | 10 |
| 31 | 3 | — | 64 | — | 4 | 97 | 5 | 1 | 130 | — | 10 |
| 32 | 1 | 17 | 65 | 3 | — | 98 | — | 2 | 131 | — | 15 |
| 33 | — | 4 | 66 | — | 1 | 99 | — | 8 | 132 | — | 4 |

| Nummer | Rt. | Ngr. | Nummer | Rt. | Ngr. | Nummer | Rt. | Ngr. | Nummer | Rt. | Ngr. |
|---|---|---|---|---|---|---|---|---|---|---|---|
| 133 | — | 6 | 179 | — | 18 | 225 | — | 10 | 271 | 1 | 18 |
| 134 | — | 3 | 180 | — | 5 | 226 | — | 5 | 272 | — | 4 |
| 135 | — | 4 | 181 | — | 12 | 227 | — | 3 | 273 | 1 | 20 |
| 136 | — | 5 | 182 | — | 2 | 228 | — | 2 | 274 | — | 3 |
| 137 | — | 6 | 183 | — | 3 | 229 | 2 | 1 | 275 | — | 5 |
| 138 | — | 4 | 184 | — | 3 | 230 | — | 12 | 276 | — | 4 |
| 139 | — | 18 | 185 | 2 | 18 | 231 | — | 12 | 277 | — | 6 |
| 140 | — | 3 | 186 | 2 | 10 | 232 | 3 | 6 | 278 | — | 5 |
| 141 | — | 2 | 187 | — | 3 | 233 | 1 | 13 | 279 | 1 | 24 |
| 142 | — | 4 | 188 | — | 4 | 234 | — | 6 | 280 | 3 | 18 |
| 143 | — | 4 | 189 | — | 2 | 235 | — | 3 | 281 | — | 4 |
| 144 | — | 3 | 190 | — | 5 | 236 | 3 | 25 | 282 | — | 5 |
| 145 | — | 4 | 191 | 1 | 3 | 237 | 3 | — | 283 | — | 4 |
| 146 | 2 | 8 | 192 | 1 | 8 | 238 | — | 6 | 284 | — | 5 |
| 147 | — | 6 | 193 | — | 5 | 239 | — | 26 | 285 | — | 8 |
| 148 | — | 13 | 194 | — | 4 | 240 | — | 3 | 286 | 3 | 18 |
| 149 | — | 4 | 195 | — | 5 | 241 | — | 2 | 287 | — | 23 |
| 150 | — | 11 | 196 | — | 21 | 242 | 2 | 8 | 288 | — | 3 |
| 151 | — | 4 | 197 | — | 14 | 243) | — | 4 | 289 | — | 4 |
| 152 | — | 2 | 198 | — | 2 | 244) | | | 290 | — | 12 |
| 153 | 2 | — | 199 | — | 14 | 245 | — | 5 | 291 | — | 4 |
| 154 | — | 5 | 200 | 1 | — | 246 | — | 21 | 292 | — | 2 |
| 155 | — | 4 | 201 | 2 | 1 | 247 | — | 3 | 293 | — | 3 |
| 156 | — | 3 | 202 | 2 | 4 | 248 | 3 | 1 | 294 | 1 | 8 |
| 157 | 1 | 3 | 203 | 3 | 11 | 249 | — | 4 | 295 | — | 5 |
| 158 | — | 5 | 204 | — | 4 | 250 | — | 25 | 296 | — | 15 |
| 159 | — | 3 | 205 | — | 3 | 251 | — | 22 | 297 | — | 2 |
| 160 | — | 2 | 206 | — | 4 | 252 | — | 3 | 300 | — | 4 |
| 161 | — | 5 | 207 | — | 22 | 253 | — | 2 | 301 | — | 25 |
| 162 | — | 4 | 208 | 2 | 8 | 254 | 2 | 12 | 302 | — | 3 |
| 163 | — | 5 | 209 | — | 4 | 255 | — | 3 | 303 | — | 3 |
| 164 | 1 | — | 210 | — | 2 | 256 | — | 25 | 304 | — | 4 |
| 165 | — | 5 | 211 | — | 4 | 257 | — | 12 | 305 | — | 3 |
| 166 | 1 | — | 212 | 3 | 10 | 258 | 1 | — | 306 | — | 3 |
| 167 | — | 3 | 213 | — | 29 | 259 | — | 3 | 307 | — | 2 |
| 168 | 1 | 18 | 214 | — | 4 | 260 | — | 6 | 308 | — | 20 |
| 169 | 1 | 15 | 215 | — | 5 | 261 | 1 | 12 | 309 | — | 4 |
| 170 | — | 4 | 216 | 2 | 19 | 262 | — | 2 | 310 | 1 | — |
| 171 | — | 4 | 217 | — | 10 | 263 | — | 17 | 311 | 1 | 3 |
| 172 | — | 4 | 218 | 1 | 2 | 264 | 2 | 8 | 312 | — | 3 |
| 173 | — | 4 | 219 | — | 26 | 265 | — | 4 | 313 | — | 3 |
| 174 | — | 2 | 220 | — | 5 | 266 | — | 3 | 314 | — | 28 |
| 175 | — | 3 | 221 | — | 8 | 267 | — | 10 | 315 | — | 3 |
| 176 | — | 4 | 222 | — | 2 | 268 | 6 | 4 | 316 | 3 | 6 |
| 177 | — | 12 | 223 | — | 8 | 269 | — | 4 | 317 | — | 10 |
| 178 | — | 21 | 224 | — | 4 | 270 | — | 10 | 318 | 1 | 8 |

| Nummer | Rb. | Ngr. | Nummer | Rb. | Ngr. | Nummer | Rb. | Ngr. | Nummer | Rb. | Ngr. |
|---|---|---|---|---|---|---|---|---|---|---|---|
| 319 | — | 18 | 365 | — | 2 | 411 | — | 3 | 457 | — | 4 |
| 320 | 5 | 1 | 366 | — | 4 | 412 | — | 3 | 458 | — | 3 |
| 321 | — | 4 | 367 | — | 8 | 413 | — | 4 | 459 | — | 6 |
| 322 | — | 4 | 368 | — | 12 | 414 | — | 4 | 460 | 2 | — |
| 323 | — | 2 | 369 | — | 4 | 415 | 1 | 5 | 461 | — | 3 |
| 324 | — | 2 | 370 | — | 2 | 416 | 3 | 20 | 462 | — | 4 |
| 325 | — | 5 | 371 | — | 28 | 417 | 1 | 3 | 463 | — | 3 |
| 326 | — | 9 | 372 | — | 2 | 418 | — | 3 | 464 | — | 4 |
| 327 | — | 8 | 373 | — | 4 | 419 | — | 16 | 465 | — | 18 |
| 328 | — | 8 | 374 | — | 4 | 420 | — | 3 | 466 | — | 5 |
| 329 | — | 3 | 375 | — | 3 | 421 | — | 4 | 467 | — | 4 |
| 330 | — | 2 | 376 | — | 20 | 422 | — | 2 | 468 | 1 | 1 |
| 331 | — | 20 | 377 | — | 5 | 423 | — | 3 | 469 | — | 3 |
| 332 | — | 25 | 378 | — | 3 | 424 | — | 15 | 470 | — | 4 |
| 333 | — | 5 | 379 | — | 4 | 425 | — | 2 | 471 | — | 18 |
| 334 | — | 5 | 380 | — | 3 | 426 | — | 5 | 472 | 1 | 21 |
| 335 | — | 4 | 381 | — | 6 | 427 | — | 5 | 473 | — | 3 |
| 336 | — | 3 | 382 | — | 3 | 428 | 2 | 25 | 474 | — | 4 |
| 337 | — | 18 | 383 | — | 3 | 429 | — | 6 | 475 | — | 21 |
| 338 | — | 15 | 384 | 3 | 18 | 430 | — | 4 | 476 | — | 16 |
| 339 | 2 | 8 | 385 | — | 4 | 431 | — | 3 | 477 | — | 2 |
| 340 | — | 2 | 386 | 3 | 18 | 432 | — | 6 | 478 | — | 22 |
| 341 | — | 29 | 387 | — | 4 | 433 | — | 3 | 479 | — | 5 |
| 342 | — | 3 | 388 | — | 8 | 434 | — | 12 | 480 | — | 2 |
| 343 | — | 4 | 389 | — | 3 | 435 | — | 4 | 481 | 5 | 8 |
| 344 | — | 5 | 390 | — | 4 | 436 | 2 | 3 | 482 | — | 4 |
| 345 | — | 3 | 391 | — | 3 | 437 | 2 | 8 | 483 | — | 3 |
| 346 | — | 4 | 392 | — | 5 | 438 | 2 | 5 | 484 | — | 2 |
| 347 | — | 4 | 393 | — | 5 | 439 | — | 4 | 485) | 2 | 8 |
| 348 | 1 | 8 | 394 | 2 | 22 | 440 | — | 14 | 486) | | |
| 349 | — | 7 | 395 | — | 3 | 441 | 1 | 10 | 487 | — | 5 |
| 350 | — | 15 | 396 | — | 3 | 442 | — | 11 | 488 | — | 7 |
| 351 | — | 6 | 397 | — | 2 | 443 | — | 7 | 489 | 4 | 1 |
| 352 | 4 | 20 | 398 | 2 | — | 444 | 2 | 2 | 490 | — | 6 |
| 353 | — | 18 | 399 | 2 | — | 445 | — | 2 | 491 | — | 3 |
| 354 | 3 | 12 | 400 | — | 3 | 446 | — | 4 | 492 | — | 5 |
| 355 | — | 15 | 401 | — | 3 | 447 | — | 15 | 493 | — | 8 |
| 356 | — | 8 | 402 | — | 11 | 448 | — | 4 | 494 | 3 | — |
| 357 | — | 3 | 403 | 1 | — | 449 | — | 3 | 495 | — | 3 |
| 358 | — | 2 | 404 | — | 13 | 450 | — | 2 | 496 | — | 4 |
| 359 | — | 2 | 405 | — | 4 | 451 | 2 | 12 | 497 | — | 4 |
| 360 | 3 | 28 | 406 | — | 3 | 452 | — | 4 | 498 | — | 3 |
| 361 | — | 2 | 407 | — | 19 | 453 | — | 4 | 499 | 2 | 12 |
| 362 | — | 12 | 408 | — | 4 | 454 | — | 4 | 500 | — | 2 |
| 363 | — | 21 | 409 | — | 3 | 455 | — | 3 | 501 | — | 10 |
| 364 | — | 5 | 410 | — | 13 | 456 | — | 5 | 502 | — | 10 |

1*

| Nummer | Rb. | Ngr. | Nummer | Rb. | Ngr. | Nummer | Rb. | Ngr. | Nummer | Rb. | Ngr. |
|---|---|---|---|---|---|---|---|---|---|---|---|
| 503 | — | 3 | 549 | — | 2 | 595 | — | 8 | 639 | — | 3 |
| 504 | — | 12 | 550 | — | 12 | 596 | — | 10 | 640 | 1 | 1 |
| 505 | — | 3 | 551 | — | 10 | 597 | — | 19 | 641 | 1 | — |
| 506 | — | 16 | 552 | — | 26 | 598 | 1 | 25 | 642 | — | 4 |
| 507 | — | 4 | 553 | — | 6 | 599 | — | 3 | 643 | — | 3 |
| 508 | — | 6 | 554 | — | 7 | 600 | — | 2 | 644 | — | 8 |
| 509 | — | 2 | 555 | — | 4 | 601 | — | 2 | 645 | — | 6 |
| 510 | 2 | 12 | 556 | — | 3 | 602 | — | 2 | 646 | — | 11 |
| 511 | — | 3 | 557 | 2 | 1 | 603 | — | 13 | 647 | — | 3 |
| 512 | — | 5 | 558 | — | 4 | 604 | — | 10 | 648 | — | 2 |
| 513 | 3 | 5 | 559 | — | 19 | 605 | — | 25 | 649 | — | 5 |
| 514 | — | 2 | 560 | — | 4 | 606 | — | 12 | 650 | — | 4 |
| 515 | — | 2 | 561 | — | 4 | 607 | — | 10 | 651 | — | 3 |
| 516 | — | 21 | 562 | — | 15 | 608 | — | 13 | 652 | — | 11 |
| 517 | — | 25 | 563 | — | 2 | 609 | — | 4 | 653 | — | 18 |
| 518. | — | 18 | 564 | — | 4 | 610 | — | 3 | 654 | — | 10 |
| 519 | 3 | 8 | 565 | — | 4 | 611 | — | 3 | 655 | — | 6 |
| 520 | — | 4 | 566 | — | 2 | 612 | — | 2 | 656 | — | 5 |
| 521 | 2 | 6 | 567 | — | 21 | 613 | 2 | — | 657 | — | 3 |
| 522 | — | 7 | 568 | — | 5 | 614 | — | 20 | 658 | 1 | 5 |
| 523 | — | 11 | 569 | — | 13 | 615 | — | 8 | 659 | — | 3 |
| 524 | — | 2 | 570 | — | 2 | 616 | 1 | 4 | 660 | — | 7 |
| 525 | — | 4 | 571 | — | 10 | 617 | 1 | — | 661 | 1 | — |
| 526 | — | 5 | 572 | — | 3 | 618 | — | 5 | 662 | — | 3 |
| 527 | — | 3 | 573 | — | 4 | 619 | — | 3 | 663 | — | 3 |
| 528 | — | 4 | 574 | — | 4 | 620 | — | 11 | 664 | — | 2 |
| 529 | 1 | 26 | 575 | — | 10 | 621 | — | 6 | 665 | — | 3 |
| 530 | — | 14 | 576 | — | 23 | 622 | — | 5 | 666 | — | 5 |
| 531 | — | 27 | 577 | — | 9 | 623 | — | 6 | 667 | — | 3 |
| 532 | — | 5 | 578 | — | 11 | 624 | — | 6 | 668 | — | 2 |
| 533 | — | 17 | 579 | — | 6 | 625 | — | 2 | 669 | — | 4 |
| 534 | — | 12 | 580 | — | 4 | 626 | — | 9 | 670 | — | 2 |
| 535 | — | 4 | 581 | — | 15 | 627 | 1 | 10 | 671 | — | 18 |
| 536 | — | 2 | 582 | — | 6 | 628 | — | 11 | 672 | 1 | 1 |
| 537 | — | 2 | 583 | — | 3 | 629 | — | 7 | 673 | — | 3 |
| 538 | — | 3 | 584 | — | 2 | 630 | — | 16 | 674 | — | 20 |
| 539 | — | 5 | 585 | — | 17 | 631 | — | 5 | 675 | — | 4 |
| 540 | — | 3 | 586 | — | 6 | 632 | — | 9 | 676 | — | 2 |
| 541 | — | 4 | 587 | — | 6 | 633 | — | 4 | 677 | 7 | 10 |
| 542 | — | 2 | 588 | — | 6 | 634 | — | 10 | 678 | — | 15 |
| 543 | — | 3 | 589 | — | 12 | 635 | 1 | 20 | 679 | 1 | 12 |
| 544 | — | 3 | 590 | — | 15 | 635a | — | 20 | 680 | 1 | 28 |
| 545 | — | 5 | 591 | 1 | 12 | 635b | — | 5 | 681 | — | 4 |
| 546 | — | 3 | 592 | — | 7 | 636 | 4 | 15 | 682 | — | 6 |
| 547 | — | 3 | 593 | 2 | — | 637 | — | 18 | 683 | — | 29 |
| 548 | — | 15 | 594 | — | 11 | 638 | — | 6 | 684 | — | 3 |

| Nummer | Rb. | Ngr. | Nummer | Rb. | Ngr. | Nummer | Rb. | Ngr. | Nummer | Rb. | Ngr. |
|---|---|---|---|---|---|---|---|---|---|---|---|
| 685 | — | 5 | 731 | — | 6 | 777 | — | 9 | 823 | — | 27 |
| 686 | — | 5 | 732 | — | 4 | 778 | — | 7 | 824 | — | 6 |
| 687 | 1 | 5 | 733 | — | 5 | 779 | 2 | 25 | 825 | — | 13 |
| 688 | — | 4 | 734 | 2 | . | 780 | — | 6 | 826 | — | 15 |
| 689 | — | 4 | 735 | — | 12 | 781 | — | 6 | 827 | — | 21 |
| 690 | 3 | 12 | 736 | — | 15 | 782 | — | 20 | 828 | 1 | — |
| 691 | 4 | 4 | 737 | 1 | 8 | 783 | 2 | — | 829 | — | 8 |
| 692 | — | 3 | 738 | 2 | — | 784 | — | 7 | 830 | — | 4 |
| 693 | — | 3 | 739 | — | 13 | 785 | — | 17 | 831 | — | 8 |
| 694 | — | 2 | 740 | — | 16 | 786 | — | 16 | 832 | — | 4 |
| 695 | — | 3 | 741 | — | 6 | 787 | — | 24 | 833 | — | 11 |
| 696 | — | 2 | 742 | — | 6 | 788 | — | 19 | 834 | — | 8 |
| 697 | 1 | 25 | 743 | — | 4 | 789 | — | 13 | 835 | — | 10 |
| 698 | — | 2 | 744 | 6 | — | 790 | — | 10 | 836 | 1 | 1 |
| 699 | 1 | 4 | 745 | 3 | 20 | 791 | — | 20 | 837 | — | 28 |
| 700 | — | 2 | 746 | — | 22 | 792 | — | 11 | 838 | — | 13 |
| 701 | — | 2 | 747 | 3 | 10 | 793 | — | 11 | 839 | — | 9 |
| 702 | — | 16 | 748 | — | 28 | 794 | — | 20 | 840 | — | 18 |
| 703 | — | 6 | 749 | 3 | 5 | 795 | — | 8 | 841 | — | 6 |
| 704 | 1 | 28 | 750 | 1 | 4 | 796 | — | 11 | 842 | 1 | 15 |
| 705 | — | 6 | 751 | 1 | 1 | 797 | — | 9 | 843 | — | 5 |
| 706 | — | 5 | 752 | 1 | 10 | 798 | — | 4 | 844 | — | 4 |
| 707 | 1 | — | 753 | — | 10 | 799 | 1 | 1 | 845 | — | 10 |
| 708 | — | 15 | 754 | — | 9 | 800 | — | 24 | 846 | — | 15 |
| 709 | — | 12 | 755 | — | 22 | 801 | — | 12 | 847 | — | 9 |
| 710 | 1 | — | 756 | 2 | — | 802 | — | 11 | 848 | 1 | 22 |
| 711 | 1 | 3 | 757 | 1 | 6 | 803 | — | 5 | 849 | — | 13 |
| 712 | — | 19 | 758 | — | 4 | 804 | 2 | 20 | 850 | — | 17 |
| 713 | — | 6 | 759 | — | 4 | 805 | 1 | — | 851 | 1 | 20 |
| 714 | — | 9 | 760 | — | 4 | 806 | — | 21 | 852 | — | 9 |
| 715 | — | 2 | 761 | 1 | 12 | 807 | 1 | 24 | 853 | — | 7 |
| 716 | — | 2 | 762 | 1 | 14 | 808 | — | 4 | 854 | — | 16 |
| 717 | — | 3 | 763 | 2 | — | 809 | 2 | 6 | 855 | — | 26 |
| 718 | — | 4 | 764 | — | 14 | 810 | — | 21 | 856 | — | 20 |
| 719 | — | 10 | 765 | — | 6 | 811 | — | 5 | 857 | — | 8 |
| 720 | — | 8 | 766 | 1 | 13 | 812 | — | 5 | 858 | — | 4 |
| 721 | — | 6 | 767 | — | 6 | 813 | 2 | 20 | 859 | — | 9 |
| 722 | 3 | 8 | 768 | — | 4 | 814 | — | 6 | 860 | — | 3 |
| 723 | — | 7 | 769 | — | 4 | 815 | — | 16 | 861 | — | 7 |
| 724 | — | 4 | 770 | — | 20 | 816 | 1 | 6 | 862 | — | 11 |
| 725 | — | 8 | 771 | — | 7 | 817 | — | 24 | 863 | 1 | 1 |
| 726 | — | 5 | 772 | 1 | 8 | 818 | — | 12 | 864 | 1 | 2 |
| 727 | — | 9 | 773 | — | 6 | 819 | — | 15 | 865 | — | 12 |
| 728 | — | 4 | 774 | 2 | — | 820 | — | 25 | 866 | 1 | — |
| 729 | — | 3 | 775 | 2 | 4 | 821 | — | 23 | 867 | 2 | 5 |
| 730 | — | 8 | 776 | 2 | — | 822 | 1 | 2 | 868 | 2 | — |

| Nummer | Rd. | Ngr. | Nummer | Rd. | Ngr. | Nummer | Rd. | Ngr. | Nummer | Rd. | Ngr. |
|---|---|---|---|---|---|---|---|---|---|---|---|
| 869 | — | 6 | 916 | — | 1 | 961 | — | 1 | 1006 | 6 | — |
| 870 | 2 | 15 | 917 | 1 | — | 962 | — | 3 | 1007 | 8 | 1 |
| 871 | — | 14 | 918 | 2 | 10 | 963 | — | 11 | 1008 | 5 | 20 |
| 872 | — | 14 | 919 | 2 | 20 | 964 | — | 11 | 1009 | 11 | 3 |
| 873 | — | 12 | 920 | — | 21 | 964a | — | 1 | 1010 | 3 | 15 |
| 874 | — | 12 | 921 | — | 12 | 965 | 2 | 11 | 1011 | — | 20 |
| 875 | — | 6 | 922 | — | 24 | 966 | 1 | 16 | 1012 | 1 | 28 |
| 876 | — | 21 | 923 | 2 | 12 | 967 | — | 26 | 1013 | 1 | 17 |
| 877 | 1 | 1 | 924 | — | 5 | 968 | — | 8 | 1014 | — | 14 |
| 879 | 3 | 2 | 925 | 1 | 16 | 969 | 2 | 4 | 1015 | 1 | 25 |
| 880 | — | 12 | 926 | — | 18 | 970 | — | 2 | 1016 | 2 | 10 |
| 881 | — | 12 | 927 | 13 | 18 | 971 | — | 15 | 1017 | 2 | 19 |
| 882 | — | 9 | 928 | — | 8 | 972 | — | 13 | 1018 | 3 | 15 |
| 883 | — | 16 | 929 | 1 | 13 | 973 | 1 | 7 | 1019 | — | 10 |
| 884 | — | 9 | 930 | 1 | 10 | 974 | — | 28 | 1020 | 12 | 15 |
| 885 | — | 11 | 931 | — | 13 | 975 | — | 22 | 1021 | 1 | 20 |
| 886 | — | 18 | 932 | 2 | 20 | 976 | — | 12 | 1022 | 1 | 20 |
| 887 | 2 | 15 | 933 | 2 | 9 | 977 | 1 | 16 | 1023 | — | 12 |
| 888 | 1 | 12 | 934 | 1 | 4 | 978 | — | 25 | 1024 | 1 | 5 |
| 889 | 48 | 1 | 935} | — | 6 | 979 | — | 26 | 1025 | 2 | 1 |
| 890 | — | 12 | 936} | | | 980 | 1 | 5 | 1026 | 2 | 20 |
| 891 | — | 22 | 937 | — | 1 | 981 | — | 24 | 1027 | 4 | 2 |
| 892 | — | 20 | 938 | 2 | 6 | 982 | — | 22 | 1028 | 3 | 5 |
| 893 | 1 | 1 | 939 | 1 | 18 | 983 | 2 | | 1029 | 15 | — |
| 894 | — | 23 | 940 | 1 | 18 | 984 | — | 3 | 1030 | 2 | 4 |
| 895 | 1 | 7 | 941 | — | 10 | 985 | 2 | 28 | 1031 | — | 14 |
| 896 | 2 | 28 | 942 | — | 1 | 986 | 2 | 6 | 1032 | 4 | — |
| 897 | — | 4 | 943 | — | 22 | 987 | — | 1 | 1033 | 21 | — |
| 898 | — | 18 | 944 | — | 18 | 988 | — | 1 | 1034 | 4 | — |
| 899 | — | 1 | 945 | — | 2 | 989 | — | 28 | 1035 | — | — |
| 900 | — | 6 | 946 | — | — | 990 | — | 28 | 1036 | — | 9 |
| 901 | — | 1 | 947 | — | 1 | 991 | 3 | 6 | 1037 | — | 11 |
| 902 | — | 13 | 948 | 2 | 6 | 992 | 2 | 24 | 1038 | 1 | 13 |
| 903 | — | 15 | 949 | — | 2 | 993 | 2 | 26 | 1039 | — | 24 |
| 904 | — | 2 | 950 | 4 | 10 | 994 | 1 | 25 | 1040 | — | 21 |
| 905 | 2 | 3 | 951 | 4 | 10 | 995 | 1 | 12 | 1041 | — | 10 |
| 906 | 2 | — | 952 | 2 | 3 | 996 | 2 | 7 | 1042 | — | 2 |
| 907 | — | 8 | 953 | 1 | 4 | 997 | 1 | 26 | 1043 | — | 8 |
| 908 | 18 | 1 | 954 | — | 1 | 998 | 12 | — | 1044 | — | 1 |
| 909 | — | 29 | 955 | — | 20 | 999 | 2 | 20 | 1045 | 1 | 28 |
| 910 | — | 8 | 956 | — | 5 | 1000 | 1 | 16 | 1046 | 1 | 12 |
| 911 | 3 | 1 | 957 | 2 | 2 | 1001 | 2 | 26 | 1047 | — | 12 |
| 912 | 3 | 6 | 958 | 2 | 8 | 1002 | 4 | — | 1048 | — | 18 |
| 913 | 2 | 2 | 959 | — | 12 | 1003 | 7 | 15 | 1049 | — | 8 |
| 914 | — | 26 | 959a | 1 | 20 | 1004 | 20 | 8 | 1050 | — | 6 |
| 915 | — | 16 | 960 | 2 | 3 | 1005 | 6 | 24 | 1051 | — | 15 |

| Nummer | Rd. | Sgr. | Nummer | Rd. | Sgr. | Nummer | Rd. | Sgr. | Nummer | Rd. | Sgr. |
|---|---|---|---|---|---|---|---|---|---|---|---|
| 1052 | — | 12 | 1098 | — | 2 | 1143 | — | 6 | 1189 | — | 3 |
| 1053 | — | 13 | 1099 | — | 6 | 1144 | — | 11 | 1190 | — | 18 |
| 1054 | — | 6 | 1100 | — | 5 | 1145 | — | 13 | 1191 | — | 16 |
| 1055 | — | 6 | 1101 | — | 24 | 1146 | — | 3 | 1192 | — | 28 |
| 1056 | 1 | — | 1102 | — | 3 | 1147 | — | 4 | 1193 | — | 11 |
| 1057 | — | 27 | 1103 | — | 16 | 1148 | — | 1 | 1194 | — | 2 |
| 1058 | 2 | 4 | 1104 | 4 | — | 1149 | — | 3 | 1195 | — | 4 |
| 1059 | 2 | 1 | 1105 | 1 | 12 | 1150 | — | 1 | 1196 | — | 12 |
| 1060 | 1 | 20 | 1106 | — | 9 | 1151 | — | 3 | 1197 | — | 1 |
| 1061 | 1 | 15 | 1107 | — | 3 | 1152 | — | 25 | 1198 | — | 1 |
| 1062 | — | 13 | 1108 | — | 4 | 1153 | — | 8 | 1199 | — | — |
| 1063 | — | 10 | 1109 | — | 12 | 1154 | — | 2 | 1200 | — | 3 |
| 1064 | — | 8 | 1110 | 16 | 25 | 1155 | — | 2 | 1201 | — | 13 |
| 1065 | — | 16 | 1111 | — | 1 | 1156 | 3 | 4 | 1202 | — | 2 |
| 1066 | — | 23 | 1112 | — | 6 | 1157 | — | 3 | 1203 | — | 1 |
| 1067 | — | 21 | 1113 | — | 3 | 1158 | — | 8 | 1204 | — | 8 |
| 1068 | — | 11 | 1114 | — | 9 | 1159 | — | 23 | 1205 | — | 18 |
| 1069 | — | 11 | 1115 | — | 10 | 1160 | 1 | — | 1206 | — | 4 |
| 1070 | — | 20 | 1116 | 1 | — | 1161 | — | 10 | 1207 | — | 3 |
| 1071 | — | 16 | 1117 | — | 3 | 1162 | — | 4 | 1208 | — | 18 |
| 1072 | — | 6 | 1118 | — | 12 | 1163 | — | 1 | 1209 | — | 12 |
| 1073 | — | 5 | 1119 | — | 1 | 1164 | — | 2 | 1210 | 2 | 15 |
| 1074 | — | 14 | 1120 | — | 2 | 1165 | — | 2 | 1211 | 2 | 16 |
| 1075 | — | 6 | 1121 | — | 2 | 1166 | — | 11 | 1212 | — | 2 |
| 1076 | — | 7 | 1122 | — | 3 | 1167 | — | 2 | 1213 | 1 | 20 |
| 1077 | — | 11 | 1123 | — | 12 | 1168 | — | 2 | 1214 | 1 | 5 |
| 1078 | — | 11 | 1124 | — | 1 | 1169 | 1 | — | 1215 | 1 | — |
| 1079 | — | 7 | 1125 | — | 2 | 1170 | — | 7 | 1216 | 1 | — |
| 1080 | — | 15 | 1126 | — | 6 | 1171 | — | 16 | 1217 | — | 5 |
| 1081 | — | 20 | 1126a | — | 2 | 1172 | — | 10 | 1218 | — | 15 |
| 1082 | 1 | 4 | 1127 | — | 2 | 1173 | 1 | 4 | 1219 | 2 | 13 |
| 1083 | — | 16 | 1128 | — | 2 | 1174 | — | 4 | 1220 | — | 4 |
| 1084 | 8 | — | 1129 | — | 3 | 1175 | — | 12 | 1221 | 2 | 10 |
| 1085 | — | 21 | 1130 | — | 2 | 1176 | — | 17 | 1222 | 2 | 10 |
| 1086 | — | 15 | 1131 | — | 1 | 1177 | — | 4 | 1223 | 4 | 6 |
| 1087 | 1 | 8 | 1132 | — | 7 | 1178 | — | 2 | 1224 | 2 | 16 |
| 1088 | — | 3 | 1133 | — | 2 | 1179 | 7 | — | 1225 | — | 18 |
| 1089 | — | — | 1134 | — | 2 | 1180 | — | 4 | 1226 | — | 2 |
| 1090 | — | 5 | 1135 | — | 2 | 1181 | — | 11 | 1227 | 4 | 15 |
| 1091 | — | 15 | 1136 | — | 9 | 1182 | — | 12 | 1228 | — | 4 |
| 1092 | — | 2 | 1137 | 3 | 21 | 1183 | — | 3 | 1229 | — | 28 |
| 1093 | — | 2 | 1138 | — | 18 | 1184 | 2 | 16 | 1230 | — | 17 |
| 1094 | — | 3 | 1139 | 1 | 2 | 1185 | — | 4 | 1231 | — | 1 |
| 1095 | | | 1140 | 1 | — | 1186 | — | 16 | 1232 | — | 1 |
| 1096 | — | 2 | 1141 | 2 | 4 | 1187 | — | 1 | 1233 | — | 20 |
| 1097 | — | | 1142 | — | 5 | 1188 | — | 10 | 1234 | — | 4 |

| Nummer | Rd | Ngr | Nummer | Rd | Ngr | Nummer | Rd | Ngr | Nummer | Rd | Ngr |
|---|---|---|---|---|---|---|---|---|---|---|---|
| 1235 | 3 | 6 | 1281 | 2 | — | 1327 | — | 4 | 1373 | 2 | 6 |
| 1236 | 3 | 4 | 1282 | 1 | 12 | 1328 | 2 | 1 | 1374 | 2 | 1 |
| 1237 | 3 | 1 | 1283 | 3 | 5 | 1329 | — | 26 | 1375 | 16 | 5 |
| 1238 | 1 | 2 | 1284 | 2 | 6 | 1330 | 1 | — | 1376 | — | 5 |
| 1239 | 1 | 21 | 1285 | — | 20 | 1331 | — | 25 | 1377 | — | 14 |
| 1240 | 1 | — | 1286 | — | 20 | 1332 | — | 9 | 1378 | 2 | — |
| 1241 | — | 20 | 1287 | — | 8 | 1333 | 2 | 12 | 1379 | 1 | 15 |
| 1242 | — | 15 | 1288 | — | 13 | 1334 | — | 29 | 1380 | 4 | — |
| 1243 | 1 | 8 | 1289 | — | 20 | 1335 | — | 2 | 1381 | 2 | 1 |
| 1244 | — | 5 | 1290 | 1 | — | 1336 | 1 | 14 | 1382 | — | 20 |
| 1245 | 4 | 15 | 1291 | 1 | 15 | 1337 | — | 18 | 1383 | 18 | 5 |
| 1246 | 4 | 15 | 1292 | — | 8 | 1338 | — | 24 | 1384 | — | 12 |
| 1247 | 3 | 1 | 1293 | — | 10 | 1339 | 2 | 22 | 1385 | — | 4 |
| 1248 | — | 4 | 1294 | — | 17 | 1340 | — | 12 | 1386 | — | 13 |
| 1249 | 14 | — | 1295 | 3 | 2 | 1341 | 1 | 6 | 1387 | | |
| 1250 | — | 3 | 1296 | 1 | 12 | 1342 | — | 16 | 1388 | — | 1 |
| 1251 | — | 2 | 1297 | 1 | 8 | 1343 | 2 | 16 | 1389 | 2 | 5 |
| 1252 | — | 22 | 1298 | 1 | 1 | 1344 | — | 23 | 1390 | — | 21 |
| 1253 | — | 16 | 1299 | — | 17 | 1345 | — | 1 | 1391 | 1 | 5 |
| 1254 | — | 29 | 1300 | — | 2 | 1346 | — | 7 | 1392 | 4 | — |
| 1255 | 2 | 16 | 1301 | — | 4 | 1347 | — | 6 | 1393 | — | 15 |
| 1256 | — | 2 | 1302 | | | 1348 | — | 5 | 1394 | 9 | — |
| 1257 | — | 13 | 1303 | — | 4 | 1349 | — | 2 | 1395 | — | 15 |
| 1258 | — | 11 | 1304 | — | 1 | 1350 | — | 20 | 1396 | 21 | — |
| 1259 | — | 2 | 1305 | — | 6 | 1351 | — | 1 | 1397 | 3 | 5 |
| 1260 | 1 | 25 | 1306 | 1 | — | 1352 | 1 | — | 1398 | — | 9 |
| 1261 | 1 | 6 | 1307 | 10 | — | 1353 | 2 | — | 1399 | 2 | — |
| 1262 | 3 | — | 1308 | — | 13 | 1354 | 1 | 8 | 1400 | — | 29 |
| 1263 | 1 | — | 1309 | — | 16 | 1355 | — | 3 | 1401 | 5 | 1 |
| 1264 | — | 28 | 1310 | — | 6 | 1356 | 2 | 20 | 1402 | 3 | — |
| 1265 | — | 8 | 1311 | 1 | 16 | 1357 | 1 | 19 | 1403 | — | 5 |
| 1266 | — | 8 | 1312 | — | 2 | 1358 | — | 22 | 1404 | — | 4 |
| 1267 | 2 | 27 | 1313 | — | 4 | 1359 | — | 6 | 1405 | 1 | 6 |
| 1268 | 2 | 25 | 1314 | 2 | 2 | 1360 | — | 6 | 1406 | 1 | 10 |
| 1269 | 10 | — | 1315 | 1 | 25 | 1361 | 1 | 1 | 1407 | 2 | 11 |
| 1270 | 1 | 18 | 1316 | 1 | — | 1362 | 1 | 1 | 1408 | 2 | 20 |
| 1271 | — | 14 | 1317 | — | 12 | 1363 | — | 8 | 1409 | 7 | 5 |
| 1272 | — | 18 | 1318 | 1 | 14 | 1364 | 3 | 1 | 1410 | 2 | — |
| 1273 | 3 | — | 1319 | — | 25 | 1365 | — | 4 | 1411 | — | 17 |
| 1274 | 3 | 1 | 1320 | 3 | 4 | 1366 | — | 7 | 1412 | — | 29 |
| 1275 | — | 21 | 1321 | 2 | 15 | 1367 | 2 | 1 | 1413 | — | 14 |
| 1276 | 1 | 3 | 1322 | — | 9 | 1368 | 2 | 21 | 1414 | 11 | 8 |
| 1277 | — | 18 | 1323 | — | 5 | 1369 | — | 4 | 1415 | — | 24 |
| 1278 | — | 15 | 1324 | 1 | 20 | 1370 | — | 2 | 1415a | — | 20 |
| 1279 | — | 11 | 1325 | — | 17 | 1371 | — | 17 | 1416 | 1 | 16 |
| 1280 | 7 | — | 1326 | — | 18 | 1372 | 4 | 1 | 1417 | 7 | 5 |

| Nummer | Rb. | Ngr. | Nummer | Rb. | Ngr. | Nummer | Rb. | Ngr. | Nummer | Rb. | Ngr. |
|---|---|---|---|---|---|---|---|---|---|---|---|
| 1418 | 15 | — | 1463 | 2 | 8 | 1508 | 2 | 2 | 1554 | — | 17 |
| 1419 | 19 | 10 | 1464 | 2 | 8 | 1509 | 15 | — | 1555 | — | 10 |
| 1420 | — | 20 | 1465 | — | 8 | 1510 | 5 | 1 | 1556 | — | 11 |
| 1421 | 1 | 12 | 1466 | — | 7 | 1511 | 4 | 3 | 1557 | — | 12 |
| 1421a | 7 | 1 | 1467 | — | 18 | 1512 | 15 | 6 | 1558 | 1 | 9 |
| 1422 | — | 10 | 1468 | — | 8 | 1513 | 11 | 5 | 1559 | — | 11 |
| 1423 | 2 | 2 | 1469 | — | 7 | 1514 | 15 | 10 | 1560 | — | 13 |
| 1424 | 4 | — | 1470 | — | 10 | 1515 | 15 | — | 1561 | — | 10 |
| 1425 | 17 | 5 | 1471 | — | 17 | 1516 | 14 | 25 | 1562 | — | 8 |
| 1426 | 7 | — | 1472 | — | 19 | 1517 | 19 | 20 | 1563 | — | 8 |
| 1427 | 4 | — | 1472a | — | 12 | 1518 | 25 | — | 1564 | 1 | 10 |
| 1428 | 2 | — | 1473 | — | 10 | 1519 | 19 | 20 | 1565 | — | 12 |
| 1429 | 4 | 15 | 1474 | — | 11 | 1520 | 19 | 20 | 1566 | — | 9 |
| 1430 | 5 | — | 1475 | — | 12 | 1521 | 26 | — | 1567 | 4 | 4 |
| 1431 | 3 | 3 | 1476 | — | 16 | 1522 | 8 | 10 | 1568 | — | 9 |
| 1432 | — | 4 | 1477 | — | 10 | 1523 | 27 | — | 1569 | — | 10 |
| 1433 | — | 6 | 1478 | 1 | 15 | 1524 | 2 | 5 | 1570 | — | 9 |
| 1434 | — | 20 | 1479 | — | 11 | 1525 | 2 | 5 | 1571 | 1 | 16 |
| 1435 | 1 | 22 | 1480 | — | 9 | 1526 | 1 | 8 | 1572 | — | 20 |
| 1436 | 8 | 16 | 1481 | 5 | 6 | 1527 | 13 | — | 1573 | — | 18 |
| 1437 | 5 | 10 | 1482 | — | 10 | 1528 | 2 | 20 | 1574 | — | 20 |
| 1438 | 9 | 5 | 1483 | — | 12 | 1529 | 15 | 25 | 1575 | — | 8 |
| 1439 | — | 6 | 1484 | — | 25 | 1530 | — | 12 | 1576 | — | 28 |
| 1440 | 2 | 5 | 1485 | — | 22 | 1531 | — | 19 | 1577 | 4 | 10 |
| 1441 | 6 | — | 1486 | 2 | 12 | 1532 | — | 10 | 1578 | — | 10 |
| 1442 | 3 | 1 | 1487 | — | 20 | 1533 | — | 8 | 1579 | — | 16 |
| 1443 | 2 | 18 | 1488 | 2 | 16 | 1534 | — | 13 | 1580 | — | 9 |
| 1444 | 1 | — | 1489 | — | 12 | 1535 | — | 9 | 1581 | — | 10 |
| 1445 | 5 | — | 1490 | — | 11 | 1536 | — | 10 | 1582 | — | 10 |
| 1446 | 4 | 5 | 1491 | — | 17 | 1537 | — | 8 | 1583 | — | 9 |
| 1447 | — | 11 | 1492 | — | 20 | 1538 | — | 28 | 1584 | — | 6 |
| 1448 | — | 11 | 1493 | — | 15 | 1539 | — | 11 | 1585 | 1 | 27 |
| 1449 | 1 | — | 1494 | 1 | 8 | 1540 | — | 9 | 1586 | — | 11 |
| 1450 | — | 25 | 1495 | — | 10 | 1541 | — | 10 | 1587 | — | 7 |
| 1451 | 3 | 5 | 1496 | — | 10 | 1542 | — | 9 | 1588 | — | 8 |
| 1452 | 6 | 4 | 1497 | 3 | 1 | 1543 | — | 10 | 1589 | — | 10 |
| 1453 | 2 | 5 | 1498 | 10 | — | 1544 | 1 | 28 | 1590 | 2 | — |
| 1454 | — | 10 | 1499 | 3 | 8 | 1545 | 15 | — | 1591 | — | 8 |
| 1455 | — | 8 | 1500 | — | 8 | 1546 | 3 | 6 | 1592 | 2 | 1 |
| 1456 | — | 12 | 1501 | — | 10 | 1547 | — | 8 | 1593 | — | 12 |
| 1457 | — | 25 | 1502 | 2 | 20 | 1548 | — | 9 | 1594 | — | 10 |
| 1458 | — | 10 | 1503 | — | 12 | 1549 | — | 10 | 1595 | 3 | 1 |
| 1459 | — | 10 | 1504 | 2 | 11 | 1550 | — | 6 | 1596 | 9 | — |
| 1460 | — | 12 | 1505 | — | 13 | 1551 | — | 8 | 1597 | — | — |
| 1461 | — | 11 | 1506 | — | 10 | 1552 | — | 16 | 1598 | 3 | — |
| 1462 | — | 8 | 1507 | — | 11 | 1553 | — | 12 | 1599 | 1 | 2 |

| Nummer | Rb. | Ngr. | Nummer | Rb. | Ngr. | Nummer | Rb. | Ngr. | Nummer | Rb. | Ngr. |
|---|---|---|---|---|---|---|---|---|---|---|---|
| 1600 | — | 29 | 1634 | 1 | 15 | 1669 | — | 12 | 1701 | — | 11 |
| 1601 | — | 12 | 1635 | 5 | 5 | 1670 | — | 12 | 1702 | — | 10 |
| 1602 | 3 | 25 | 1636 | 4 | — | 1671 | 4 | 12 | 1703 | — | 8 |
| 1603 | 2 | — | 1637 | — | 10 | 1672 | — | 13 | 1704 | 1 | 6 |
| 1604 | — | 6 | 1638 | — | 10 | 1673 | 3 | 1 | 1705 | — | 5 |
| 1605 | 5 | 1 | 1639 | 1 | 18 | 1674 | — | 11 | 1706 | — | 8 |
| 1606 | 4 | 1 | 1640 | 1 | 5 | 1675 | 1 | — | 1707 | — | 8 |
| 1607 | — | 1 | 1641 | — | 12 | 1676 | — | 10 | 1708 | — | 6 |
| 1608 | 1 | — | 1642 | — | 15 | 1677 | — | 10 | 1709 | — | 6 |
| 1609 | 2 | 10 | 1643 | — | 16 | 1678 | — | 10 | 1710 | — | 13 |
| 1610 | 2 | 6 | 1644 | — | 15 | 1679 | 1 | 10 | 1711 | 1 | 8 |
| 1611 | 3 | 3 | 1645 | — | 25 | 1680 | 1 | 28 | 1712 | 1 | 8 |
| 1612 | 2 | — | 1646 | 3 | 25 | 1680 | — | 20 | 1713 | — | 8 |
| 1613 | — | 10 | 1647 | 1 | 3 | 1680 | — | 10 | 1714 | — | 8 |
| 1614 | — | 1 | 1648 | — | 10 | 1681 | 6 | 15 | 1715 | — | 8 |
| 1615 | 1 | 10 | 1649 | — | 20 | 1682 | — | 20 | 1716 | — | 6 |
| 1616 | — | 16 | 1650 | — | 15 | 1683 | — | 12 | 1717 | — | 15 |
| 1617 | — | 15 | 1651 | 5 | 5 | 1684 | 2 | 16 | 1718 | — | 10 |
| 1618 | 2 | 4 | 1652 | 2 | — | 1685 | — | 25 | 1719 | 3 | 5 |
| 1619 | — | 10 | 1653 | 23 | 5 | 1686 | 3 | 5 | 1720 | — | 10 |
| 1620 | 1 | 8 | 1654 | 2 | — | 1687 | 2 | — | 1721 | — | 19 |
| 1621 | 1 | 8 | 1655 | — | 10 | 1688 | 3 | 8 | 1722 | — | 17 |
| 1622 | — | 26 | 1656 | — | 10 | 1689 | 1 | 25 | 1723 | — | 8 |
| 1623 | 1 | 10 | 1657 | — | 25 | 1690 | — | 25 | 1724 | — | 13 |
| 1624 | 2 | 1 | 1658 | 5 | 6 | 1691 | 1 | 10 | 1725 | — | 5 |
| 1625 | 1 | — | 1659 | 5 | 6 | 1692 | — | 20 | 1726 | 4 | 20 |
| 1626 | — | 12 | 1660 | 10 | 5 | 1693 | — | 20 | 1727 | 4 | 3 |
| 1627 | — | 26 | 1661 | — | 20 | 1694 | — | 12 | 1728 | 3 | 4 |
| 1628 | — | 5 | 1662 | — | 20 | 1695 | — | 6 | 1729 | 3 | 1 |
| 1629 | 1 | 29 | 1663 | 7 | — | 1695 | — | 8 | 1730 | 5 | — |
| 1630 | 5 | 20 | 1664 | — | 20 | 1696 | — | 4 | 1731 | 3 | 28 |
| 1631 | 1 | 20 | 1665 | 7 | 20 | 1697 | 1 | 12 | 1732 | 3 | 26 |
| 1632 | 1 | 20 | 1666 | — | 20 | 1698 | — | 15 | 1733 | 1 | — |
| 1632a | 1 | 20 | 1667 | 2 | — | 1699 | — | 29 | 1734 | 1 | 26 |
| 1633 | — | 16 | 1668 | — | 15 | 1700 | 1 | 25 | | | |